otlight on ITALIAN

TUTTO
PER
TUTTI

Other titles in this series

Spotlight on French
Spotlight on German
Spotlight on Spanish

Editor Ottavio Negro
formerly Head of Languages, Chelsea-Westminster Adult Education Institute

Spotlight on ITALIAN

Life and language in Italy today

Pan Books London and Sydney
in association with **Heinemann Educational Books**

First published 1981 by Pan Books Ltd,
Cavaye Place, London SW10 9PG
in association with Heinemann Educational Books Ltd
9 8 7 6 5 4 3 2
ISBN 0 330 26471 0

Printed and bound in Great Britain by
Richard Clay (The Chaucer Press) Ltd, Bungay, Suffolk

Contents

Introduction 6

1 Viaggi e vacanze 9

2 Incontri in città 21

3 A tavola, signori 30

4 La dolce vita 40

5 Questo eterno amore 50

6 Casa mia, casa mia 60

7 Salute e bellezza 70

8 Le fatiche dell'esistenza 82

9 Il cittadino e lo stato 92

10 Difendiamo la natura 100

11 Gli affari sono affari 111

12 Fede e misteri 118

Newspapers and magazines 127

Summary of topics 128

Introduction

This book is for anyone interested in Italy, Italians and the Italian language. It is particularly intended for those studying Italian either in class or on their own, who have reached 'O' level or equivalent standard and who want to extend their vocabulary and gain an understanding of contemporary life in Italy. Extracts from novels, newspapers, magazines and other publications including advertisements and cartoons cover various aspects of Italian life, presenting the usual and the unusual in a variety of styles from the conversational to the literary. It can be read just for enjoyment, dipped into at odd moments, or used in conjunction with existing courses.

If you are reading on your own remember that it is often possible to understand the text without consulting a dictionary. Do not forgo the pleasure of uninterrupted reading if you can. The meaning of individual words will in many cases emerge from the general context of a sentence or paragraph. Further clues can be gathered from titles and pictures. Background notes are given where necessary, together with the explanation of some of the less common vocabulary.

Here are some suggestions on how to exploit the extracts for classroom use:

- Reading practice
- Gist comprehension: listening for key words to get the general sense of the text. The student can then try to render the gist of it orally
- Oral and/or written translation
- Dictation, either unseen or after reading and translating the text
- Short oral and/or written summary of the passages

- Essay writing, using the topic of a passage as a theme and the text as a source of key vocabulary
- Composition, using an item (for example an advertisement) as a model for the production of a similar one on a different subject
- Answering questions about the text. This could be an oral activity, or the students could answer a set of written questions after listening to a passage read by the teacher or by another student. Even wordless cartoons could be exploited in this way by discussing or asking questions about the clothing, physical appearance and so on, of the people in them and about what they are doing. For example, some of the questions about the cartoon on page 29 could be: *Chi c'è sul grattacielo? Su che cosa è l'uomo? Che cosa tiene in mano? Che cosa fa? Perchè innaffia la casa?* and so on. The conversation could then be carried on at a more personal level, e.g. *Lei in che genere di casa abita? Ha un giardino? Coltiva dei fiori? Per favore, chieda al suo vicino se preferisce abitare in città o in campagna*, etc.

Different items may suggest a particular way of exploitation. For variety, and in order to maintain interest, it may be advisable to change the way in which the extracts are exploited. In class, the teacher should vary the emphasis and the time spent on the different extracts according to their nature or the degree of interest they arouse in the students.

It is hoped that the extracts chosen will give you enjoyment, increase your understanding of Italian life, and encourage you to continue reading magazines, newspapers, poetry and novels in Italian.

Ottavio Negro

Acknowledgements The publishers wish to thank all those who have provided copyright material. In some cases it has not been possible to trace the owner of the copyright and the publishers would be grateful to receive any relevant information. The publishers would like to thank all the sources acknowledged in the book for the use of copyright material and also:

Ventana for the advertisement and extract from their travel brochure; Rizzoli Divisione Internazionale and Rizzoli Divisione Periodici for the articles from *Oggi, Domenica del Corriere, Il Corriere della Sera* and *Il Mondo*; SIEP srl for their advertisement for an insect killer; Poligrafici Editoriale spa for the article from *Il Resto del Carlino*: Arnoldo Mondadori for the articles from *Panorama, Epoca* and *Grazia*; Disegnatori Riuniti for the cartoons by Bort, Gal and Mannu; Rizzoli Press Service for the extract from *Annabella*; Lancôme Italy (Lispa) for their advertisement; Rusconi Editore for the articles from *Gente*; La Stampa for the article from *Stampa Sera*; P. Sasso e Figli for their advertisement for Olio Sasso; P/R/P srl for the advertisment for Sella & Mosca; Martino Giuliani for the advertisement for Fantoni furniture; Avv. Giorgio Moscon for the extract from Pirandello's *Il Fu Mattia Pascal*; Rizzoli Divisione Internazionale for their advertisement for the book *Storia d'Amore*; Gruppo Naturalistico della Brianza for their advertisement against noise pollution.

1 Viaggi e vacanze

Pensaci un attimo.
È una mattina d'estate, guardi il mare, non ti ricordi nemmeno da quanti giorni sei lì, un posto così bello che come fai a raccontarlo.

Sole, sabbia, brezza, mare, cielo, musica, vita, anche l'albergo, niente da dire, quest'anno finalmente hai azzeccato la vacanza ◊ giusta, lontano da tutto e da tutti, non torneresti piú a casa e già pensi dove andrai l'anno prossimo, Messico, Cuba, Brasile, India, Estremo Oriente, comunque ancora con Ventana, Ventana ti porta dappertutto. Pensaci un attimo.

Una vacanza Ventana dura piú dell'abbronzatura.

◊ *Fidati degli Agenti di Viaggio: ti consigliano Ventana perché sono degli esperti.*

Ventana
turismo senza confini

Advertisement for a travel agent

azzeccare to pick, to hit on
fidarsi to trust

CATTOLICA

HOTEL ARENAL Cat.2ª
Soggiorni: da sabato a sabato.
Confort comuni: giardino, veranda, american bar, ascensore.
Confort camera: servizi privati, balcone. ◊
Ristorante: tradizionale.
Svaghi: soggiorno T.V.
Sport: nelle vicinanze.
Animali: non ammessi.
Spiaggia: sabbiosa.
Distanza dal mare: 100 mt.
Servizi spiaggia: ombrellone e
◊ sdraio esclusi dalle quote.
Distanza dal centro: nel centro

From a travel brochure

servizi privati private bath and WC
sdraio deck chair

L'EPOCA DELLA VELOCITÀ

L'epoca in cui viviamo è quella della velocità: anche il tempo è diventato più veloce. Tutto ciò che poteva fare in questo senso, il genio umano lo ha fatto per abolire le distanze, che infatti non esistono più. E questo ha dato una particolare impronta alla nostra civiltà: una civiltà convulsa e randagia, di uomini vaganti da un capo all'altro del globo, e quindi senza più radici in nessuna parte del mondo. La paralisi a cui ci avviamo, se non troviamo altri mezzi di locomozione, cioè altre fonti di energia che facciano da propellenti, rischia di riportarci alle forme di vita dei nostri padri e nonni, che di solito nascevano, vivevano e morivano nello stesso luogo, senz'altra evasione che quella di occasionali viaggi intrapresi come avventure, ma sempre a breve termine e a raggio limitato.

Sarebbe un disastro? Forse no. Chi, come me, ha i capelli bianchi, ha fatto in tempo a conoscere questo tipo di civiltà, sia pure al suo declino, o per lo meno è cresciuto in famiglie che ne conservavano mentalità e abitudini, le quali non erano poi da buttar via. Io, fra quei miei vecchi dagli orizzonti geografici limitatissimi, ho conosciuto uomini che, senza avere mai visto il mondo, avevano su di esso idee molto più larghe e giuste e profonde di tanti nostri contemporanei che il mondo lo hanno girato in lungo e in largo, ma non ne hanno capito nulla. Né posso dire che la loro vita, anche se più monotona della nostra, fosse meno intensamente vissuta. Anzi. Essi non avevano il problema del tempo libero perché sebbene di tempo ne avessero più di noi, sapevano benissimo come impiegarlo, anche senza correre da una stazione a un aeroporto.

Ma appunto perché siamo abituati a questo, riusciremo a tornare a un modo di vita diverso, anche se migliore? Speriamo che questo passaggio, se non troviamo il modo di evitarlo, si operi senza traumi. Ma ci crediamo poco.

Indro Montanelli, **Oggi**

randagia stray, rambling
vaganti wandering
intrapresi undertaken
per lo meno at least
appunto precisely

Advertisement for an estate agent

metrature sizes
condominiale jointly owned

AVVERTENZE RELATIVE AL BAGAGLIO

I passeggeri sono pregati di apporre all'interno ed all'esterno del bagaglio un'etichetta con nome ed indirizzo. Tali etichette sono a disposizione presso le agenzie Alitalia.

È proibito il trasporto come bagaglio dei seguenti articoli in quanto pericolosi:

- esplosivi
- gas compressi
- infiammabili
- fiammiferi
- prodotti corrosivi o tossici
- ◊ materiali ossidanti, radioattivi o magnetici
- ◊ agenti eziologici

Non possono essere contenuti nel bagaglio consegnato al Vettore:

- oggetti fragili o deteriorabili
- liquidi
- denaro, gioielli, metalli preziosi, oggetti o documenti di valore in genere
- ◊ campioni o documenti di affari

È ammesso il trasporto in cabina di un solo bagaglio che dovrà essere posto sotto la poltrona.

Le dimensioni di tale bagaglio non dovranno eccedere i seguenti limiti: cm. 46 × 36 × 18. Esso rientra nella normale franchigia bagaglio e deve pertanto essere presentato all'accettazione per la pesatura.

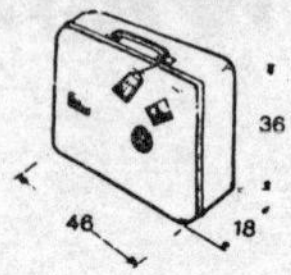

La franchigia bagaglio è evidenziata sui tagliandi di volo. ◊ Inoltre possono essere trasportati gratuitamente i seguenti articoli:

Borsetta da signora

Soprabito o coperta

Ombrello o bastone

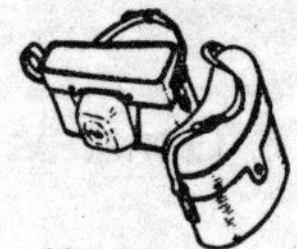
Macchina fotografica e binocolo

Libri e giornali in quantità ragionevole per il viaggio

Cibo per neonati da usare durante il volo; culla portatile

Stampelle e sedia a rotelle ripiegabile, se necessarie

From an **Alitalia** aeroplane ticket

materiali ossidanti oxidizing substances
agenti eziologici etiological agents: a restriction on the carriage of materials or samples which transmit disease
campioni samples
la franchigia . . . di volo free luggage allowance is indicated on the flight coupons

L'atterraggio

'Vuole agganciare la cintura di sicurezza, signorina?'

'Come?! Oh! Sì! Perché?'

'Stiamo per atterrare, signorina.'

'Come?! Dove?!'

'A Roma, signorina. Si è fatta un bel sonno, eh? Non ha neppure mangiato.'

'Roma!'

È strano chiudere gli occhi su una città e riaprirli su un'altra. Ti dà il senso dell'impossibile, del tempo che non esiste, dello spazio che non conta. Ora l'aereo si abbassava su Roma e com'era minuscola, Roma, in confronto a New York! Com'era spiaccicata, gialla, tapina! Ora l'aereo sfiorava la pista, si posava sopra la pista, si fermava con un rombo cattivo e Dio!, come avrebbe fatto a dirlo a Francesco? Ravviò svelta i capelli, tinse disordinatamente le labbra, spruzzò un po' di profumo per togliere di dosso lo sgradevole odore di sonno, scese la scaletta con gambe malcerte, porse il passaporto con mani malcerte, cercò Francesco con occhi malcerti e Francesco era là, dietro le sbarre della dogana: il solito corpo massiccio, la solita faccia tranquilla, le solite mani che sapevano guidarla così bene attraverso la calca.

'Bentornata, Giovanna.'

'Grazie, Francesco.'

'Sei in anticipo di due giorni.'

'Ho finito il lavoro un po' prima.'

'È venuto bene?'

'Oh, non so. Devo ancora scriverlo, sai.'

'T'è piaciuta l'America, eh?'

'Sì, molto.'

Oriana Fallaci, **Penelope alla guerra**, Rizzoli

atterraggio landing
agganciare to fasten
spiaccicata squashed
tapina mean
sfiorare to skim over
rombo roar
ravviare to adjust, to tidy
calca crowd

Alfasud:

◊ Docili al volante,
◊ generose nello scatto:
◊ orgoglio di chi le guida.
Alfasud: versioni e motori per tutte le esigenze.
Alfasud, e scopri la differenza tra una
macchina e un'Alfa Romeo.

Advertisement for **Alfa Romeo** cars

volante steering (wheel)
scatto acceleration
orgoglio pride

— Vada sempre dritto

TEMPI NUOVI

La spiaggia è affollata all'inverosimile: ci sono fanciulle, e anche donne, col seno scoperto. Questa è la novità di queste spiagge familiari e nessuno si scandalizza. La Versilia si è adeguata ai tempi: dove un tempo Gabriele d'Annunzio percorreva sul suo cavallo bianco la linea limite della battigia, e le donne dell'alta società, col viso infuocato dall'emozione, si appostavano per sorprendere il divino poeta durante le sue solitarie passeggiate, quest'anno sono arrivati i ragionieri e gli operai. È aumentato il numero delle presenze negli alberghi e nelle pensioni, mentre le case private hanno registrato una piccola flessione.

La Stampa

seno breast
La Versilia area in Tuscany between Massa and Viareggio
Gabriele d'Annunzio poet (1863–1938)
battigia waterline
appostarsi to lie in wait
ragionieri (accountants) here office workers

Salvati due giovani a Cortina

CORTINA D'AMPEZZO—Si è concluso nelle prime ore di ieri l'intervento della squadra del soccorso alpino di Cortina sullo spigolo della Punta Fiammes, dove due alpinisti—Michele Guerrini, di 15 anni, di Vicenza e Roberto Bencini, di 24 anni, di Livorno—sono rimasti bloccati a 300 metri dalla base, essendosi Guerrini infortunato ad un ginocchio, in seguito ad un «volo» di alcuni metri.

Le prime notizie allarmanti hanno fatto intervenire una ventina di uomini che, giunti sul posto sotto una fitta pioggia, hanno recuperato i due in preda a choc calandoli con una corda doppia.

Il Resto del Carlino

spigolo (mountain) edge

IL TEMPO

Situazione generale

La perturbazione proveniente da ovest che ieri ha apportato un peggioramento delle condizioni del tempo, ha continuato il suo movimento verso est-sud-est e interessa ora più direttamente le estreme regioni meridionali. L'aria fredda che affluisce sulle nostre regioni contrasta tuttavia ancora con l'aria temperata mediterranea determinando parziali annuvolamenti, più consistenti sul versante adriatico e sul meridione.

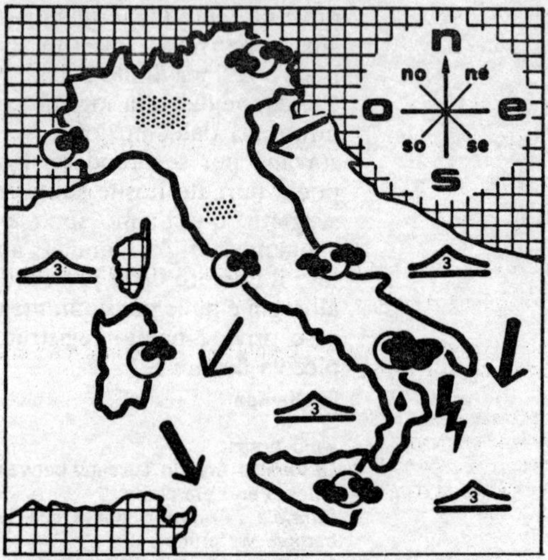

Legenda

NUVOLOSITA'	FENOMENI	VENTI	MARI
sereno	pioggia	deboli	calmo
poco nuv.	rovescio	moderati	poco m.
variabile	temporale	forti	mosso
nuvoloso	neve	variabili	molto m.
coperto	nebbia	raffiche	agitato

Oggi

Sulle regioni del versane adriatico, su quelle meridionali della penisola e sulla Sicilia nuvoloso o localmente molto nuvoloso con piogge sparse specie al sud ove sarà presente qualche temporale. Sulle altre regioni nuvolosità variabile con schiarite più ampie sulle regioni nord-occidentali. Foschie nelle valli e lungo i litorali tirrenici durante la notte e il primo mattino. Banchi di nebbia sulla pianura padana.

Temperatura

In graduale e progressiva diminuzione, più sensibile sulle regioni del versante adriatico.

Venti

Sulle isole e sul versante tirrenico moderati da nord-ovest con qualche rinforzo; sulle rimanenti regioni moderati tra nord e nord-est con rinforzi sulla Puglia.

Mari

Mossi i bacini settentrionali e centrali. Mossi o molto mossi gli altri mari.

Il Messaggero

nuv. = *nuvoloso* cloudy
m. = *mosso* rough (sea)
raffiche gusts
schiarite clear spells

◊ DETTI POPOLARI

◊ **Mi dà un parere definitivo, col quale tagliar corto in caso di discussioni tra amici, a proposito del detto «rosso di sera buon tempo si spera»?**

«Funziona. Si può sperare quasi sempre. Significa che tra il punto dove tramonta il sole e la parte di cielo che vediamo è tutto pulito, quindi sereno, e il tempo dovrebbe essere buono.»

◊ **E che dire di «cielo a pecorelle acqua a catinelle»?**

«Funziona anche questo: le nuvole a pecorelle sono quasi sempre un segnale che precede un temporale.»

◊ **Allora per prevedere le condizioni del tempo bastano i detti popolari?**

«Quelli che nascono dall'osservazione millenaria di alcuni fenomeni possono avere credito, gli altri no.»

Interview with Colonnello Bernacca, a weather expert and television personality, **Domenica del Corriere**

detti sayings
parere opinion
cielo a pecorelle fleecy clouds
prevedere to forecast

◊ Zanzare vampiresche

◊ Ingegnosa e lungimirante zanzara. Adesso sappiamo che l'impulso
◊ che la spinge a pungerci nelle calde sere d'estate deriva dal suo desiderio di maternità: sono le sole femmine a nutrirsi del nostro sangue, mentre i maschi si accontentano di polline e di soluzioni zuccherine delle corolle dei fiori, come del resto facevano e fanno tutte le 3,000 specie di zanzare, eccezion fatta per quelle specie che hanno imparato a sorbire il nostro sangue con avidità vampiresca.

Il Mattino

zanzare vampiresche vampire-like mosquitoes
lungimirante far-sighted
pungere to bite, sting

X15
UNIVERSAL
folgora elettronicamente mosche e zanzare.

In tempi di nuova ecologia, niente più insetticidi, niente più prodotti chimici: basta una presa con l'apparecchio elettronico X15 UNIVERSAL (cm 29 × 20 × 13, peso 2,2 Kg.). ◊
Mosche, zanzare, ogni insetto volante viene attirato e
◊ **folgorato all'istante.**
Giorno e notte, X15 UNIVERSAL lavora per te e protegge silenziosamente i tuoi bambini.
Altri modelli disponibili per negozi ed uffici, industrie alimentari, aziende agricole.

Advertisement for an electrical insect killer

presa electric socket
folgorare to electrocute

I ricordi fuggono. Fermali con pellicole Kodacolor.

La memoria è molto capricciosa. Cosí succede che certi ricordi sono nitidi, brillanti; ma altri invece sono sfocati, sbiaditi.

Fermali con la tua macchina fotografica e una pellicola Kodacolor.

Con le pellicole Kodacolor hai la certezza di ottenere magnifiche foto dai colori vivaci e splendenti, gli stessi che hai visto con i tuoi occhi. Anche negli ingrandimenti.

E sei sicuro che la tua memoria non potrà più giocarti brutti scherzi.

Pellicole Kodacolor. Il colore dei tuoi ricordi.

Advertisement for **Kodak** films

sbiaditi faded

Il mese fatale

La mamma era quasi arrivata. Durante tutto il viaggio non aveva fatto che guardare fuori del finestrino. Non vedeva nulla, nemmeno la propria immagine riflessa nel vetro. Rivedeva la figliola in piedi sul marciapiede. Una ciocca le ricadeva sulla fronte: la ributtava indietro con un movimento del capo. Era così giovane . . . e poi minuta, fragile, delicata. Accanto al marito, pareva una bambina.

Lei nell'intimo era sempre stata contraria a questo matrimonio: avrebbe preferito uno del paese. Uno che avesse avuto sotto gli occhi fino da piccolo: si sarebbe adattata meglio a dargli la sua Adriana.

«Maledetta la villeggiatura», pensò. Quel mese di mare le aveva fatto perdere la figlia.

Carlo Cassola, **Ferrovia Locale**, Einaudi

ciocca lock of hair
villeggiatura holiday

Dopo le vacanze

Siete tornati dalle vacanze? Al lavoro? Come affrontare l'inverno? Non è difficile: ai primi freschi indossate un golf e le calze, dopo un mese anche un paltò, qualche settimana dopo anche un berretto o una cuffia, e ecco che siete pronti per l'inverno. A quelli mai contenti si consiglia invece il letargo che è meglio da tutti i punti di vista. Si cerchi nella casa o in giardino un luogo appartato, buio possibilmente, un buco anche nel muro, che potrete allargare quando siete soli, scavando un po', oppure nel pavimento o in un armadio. Preparatevi il buco isolato e profondo e senza dir niente a nessuno un bel giorno d'autunno infilatevi lì e copritevi alla meglio con delle frasche o altro che troverete, senza lasciare né biglietti, né tracce. Nessuno saprà più niente di voi. Dopo le prime ricerche angosciose tutti si abitueranno alla vostra sparizione e cambieranno discorso. Voi intanto siete in letargo. Cosa si fa nel letargo? Niente, non si ricevono telefonate, non si vede nessuno, non si lavora e non si ha proprio nulla da pensare anche perché crediamo che si dorma e si facciano i famosi sogni da letargo, che sono così lunghi e ininterrotti e compiuti che tutti si credono svegli. Alla fine dei mesi più freddi uscite dal vostro pertugio e correte incontro alla primavera, freschi e senza memoria insieme ai tassi, alle talpe, agli orsi, come dei vecchi vampiri.

Adriana Asti, **L'Espresso**

cuffia cap
infilarsi to slip into
frasche branches (tree)
pertugio hole
tassi badgers
talpe moles
orsi bears

2 Incontri in città

Notice on a litter bin

La città nella valle

Era giunto sulla cima del colle, la città rimaneva nella vallata per trecento metri forse, e la si dominava interamente. Prima guardò il cielo quanto ne poté vedere, quanto gliene concedeva il vasto orizzonte, quindi abbassò ancora gli occhi su quell'oscuro ammasso di pietrame che formava la città, e si sentì di disprezzarla in quel momento respingendo la sua attrazione e la sua bellezza, assalito da una nausea naturale. Fissò ancora il cielo per sentirsi rianimato.

Aldo Palazzeschi, **Perelà**, Mondadori

dominare to overlook
quindi then

PIANTE E FIORI PER TUTTI IN PIAZZA DEL DUOMO

Domenica mattina, 2 settembre, avrà inizio la fase autunnale della tradizionale Mostra Mercato di piante verdi fiorite e uccelli in piazza del Duomo.

La simpatica manifestazione è organizzata dalla Sezione floro-vivaisti dell'Unione Agricoltori di Milano e si svolgerà ogni domenica mattina sino al 25 novembre.

Il Corriere della Sera

floro-vivaisti horticulturalists
svolgersi to take place

CACCIA AL SERPENTE A MILANO

MILANO — Panico questa mattina nel sottopassaggio che collega piazza del Duomo e piazza Cordusio a Milano. Dal «Terracquarium», un mini-zoo sistemato nel sottopasso, è fuggito un grosso serpente. Vigili urbani e carabinieri hanno isolato la zona, in attesa che un esperto, chiamato sul posto, catturasse il retille. La cosa è avvenuta senza particolari difficoltà.

Newspaper article

sistemare to set up

La Spezia: sfrattati piccioni e tortore

LA SPEZIA — Il commune della Spezia ha deciso di sfrattare dalla città buona parte dei piccioni e delle tortore che la popolano. Questi volatili, secondo gli amministratori, sono diventati talmente numerosi da costituire un problema. A incrementarne le schiere avrebbero contribuito le granaie dei silos nel porto mercantile.

Il Corriere della Sera

sfrattare to evict
tortore doves
schiere flocks

Notturno

La notte, a Roma, par di sentire ruggire leoni. Un mormorio indistinto è il respiro della città, fra le sue cupole nere e i colli lontani, nell'ombra qua e là scintillante; e a tratti un rumore roco di sirene, come se il mare fosse vicino, e dal porto partissero navi per chissà quali orizzonti. E poi quel suono, insieme vago e selvatico, crudele ma non privo di una strana dolcezza, il ruggito dei leoni, nel deserto notturno delle case.

Non ho mai capito che cosa producesse quel rumore. Forse invisibili officine, o motori di automobili sulle salite? O forse il suono nasce, piú che da un fatto presente, dal fondo profondo della memoria, quando fra il Tevere e i boschi, sulle pendici solitarie, si aggiravano le belve e le lupe allattavano ancora i fanciulli abbandonati?

Tendevo l'orecchio ad ascoltare, e scrutavo nel buio, sopra i tetti e le altane, in quel mondo pullulante di ombre; e il suono penetrava in me come un'immagine infantile, spaventosa, commovente ed arcana, legata a un altro tempo. Anche nato da macchine è un suono animalesco, che par venire da viscere nascoste o da gole aperte invano a cercare una parola impossible. Non è il suono metallico dei tram notturni nelle curve, lo stridere lungo e eccitante dei tram di Torino, grido dolente ma fiducioso di quelle notti operaie nell'aria fredda e vuota. È un rumore pieno d'ozio, come uno sbadiglio belluino, indeterminato e terribile.

Carlo Levi, **L'Orologio**, Einaudi

ruggire to roar
a tratti now and again
pendici hill-sides
belve wild beasts
lupe she-wolves
allattare to suckle (a reference to the legend that Romulus, the founder of Rome, was nursed by a she-wolf)
altane roof terraces
arcana mysterious
viscere guts
stridere to shriek
sbadiglio yawn
belluino beast-like

svendita sale
giacenze stock

Shop sign

supermarket usually *supermercato* but English names are used increasingly on shops
casalinghi household articles

Quartiere romano

"Portiera!" chiamò l'alunno.

"Chi è? . . . Chi cercate," rispose la donna dal sottoscala.

"La signora Finizio."

"Scala C. Interno 28."

"Lo sappiamo . . . Ci vuole aprire l'ascensore?"

"E' guasto."

"Ci dice una cosa nuova. Ha sentito, professore?. . . Dia a me le arance. Sono sette piani."

"Ma no, stia calmo. Non è un quintale."

A ogni pianerottolo, attraverso i lastroni scheggiati, la vista dei Mercati Generali si allargava e si appiattiva a scacchiera. Ogni quadratino, una ditta, un accentramento di verdure e frutta per il nutrimento della metropoli, una riserva di cellulosa e di vitamine allo stato grezzo per l'euforia dei globuli rossi. Quante tonnellate quotidiane di vegetali necessarie al metabolismo di Roma? Un capogiro.

Sbuffava la locomotiva di un merci in placida manovra sotto la tettoia, i facchini stavano adunandosi al comando di un fischietto per spiombare i vagoni e scaricare i prodotti della Sicilia, delle Puglie o di una regione di là dei confini.

Non era divertente riflettere che un ciuffo di quelle ciliegie ammassate a tomoli in quei depositi si sarebbe trovato fra una settimana nella fruttiera idilliaca di un angolo domestico, con un pregio ormai metaforico dopo che la fragranza si era perduta per via.

quintale 100 kg
lastroni slabs
scheggiati chipped
grezzo raw
scacchiera chessboard
un capogiro enough to make you dizzy
fischietto whistle
spiombare to unseal
a tomoli in basket loads

Al supermercato

Il carrello di Marcovaldo adesso era gremito di mercanzia; i suoi ◊ passi lo portavano ad addentrarsi in reparti meno frequentati; i prodotti dai nomi sempre meno decifrabili erano chiusi in scatole con figure da cui non risultava chiaro se si trattava di concime per ◊ la lattuga o di seme di lattuga o di lattuga vera e propria o di ◊ veleno per i bruchi della lattuga o di becchime per attirare gli uccelli che mangiano quei bruchi oppure condimento per l'insalata o per gli uccelli arrosto. Comunque Marcovaldo ne prendeva due o tre scatole.

Italo Calvino, **Marcovaldo,** Einaudi

gremito overloaded
concime fertilizer
bruchi caterpillars
becchime birdseed

Scritte invisibili

Io mi chiedo come mai non sia stato esaminato e risolto ancora un problema che a me sembra molto importante e si ritrova nella vita di tutti i giorni e di cui soffrono soprattutto i ceti poco abbienti: il modo ◊ di vendere. Quando si finirà di vendere merce in contenitori che portano scritto, per esempio, gr. 193 per L. 395? Quando si finirà di scrivere in caratteri microscopici informazioni che interessano moltissimo, ma che sfuggono a chi non ha occhi d'aquila? Perché non si fa obbligo di vendere a etti e chili esatti, e prezzi al chilo? Perché non si fa obbligo di scrivere a caratteri grandi e ben visibili tutte le diciture, o almeno quelle di interesse principale?

Il Mondo

i ceti poco abbienti the underprivileged

LADRA PER CASO

◊ *Entrata in un supermarket, senza alcuna ragione, forse solo perché mi ero arrabbiata con una commessa sgarbata, ho rubato una boccetta del profumo che uso abitualmente. Scoperta, son stata accompagnata in direzione e lì hanno finito per impietosirsi e mandarmi via senz'altre conseguenze che una ramanzina scrivendo* ◊
però il mio nome in un registro. Da allora vivo nel terrore che la cosa venga a sapersi. Mio marito è un capufficio stimato da tutti. Io non sono una ladra, mi creda, non so davvero cosa mi ha preso. Da
◊ *allora ho come un sasso che mi pesa addosso. Mi dia un consiglio, la prego, ho tanta paura.*
Roma, G.B.

Se non le convenisse tanto farsi dimenticare, potrebbe mandare al direttore del supermarket qualche scatola di cioccolatini da distribuire alle commesse, in segno di . . . espiazione e di
◊ rammarico. Ma tutto sommato le conviene sparire nel nulla, e ripetersi «non so cosa mi ha preso», caso mai la tentazione di prendere dovesse ripresentarsi.

Gente

supermarket normally *supermercato*; an example of the increasing use of English in the Italian language
ramanzina reprimand
sasso stone
rammarico regret

From an advertisement for a shop

L'AUTOMOBILE SCOMPARIRÀ?

Faccio un esempio: l'automobile, opera dell'uomo. Credo sia chiaro a tutti che si tratta di un mezzo di trasporto antiquato e destinato a scomparire ben presto non tanto per la crisi petrolifera, ma proprio per la intrinseca «stanchezza» dell'oggetto. L'automobile è ancora costruita secondo i principi della trasmissione fisica della leva e dell'ingranaggio leonardeschi con enorme dispersione di energia. Basti pensare che un motore a reazione è composto da un centinaio di pezzi essenziali mentre in un motore a scoppio i pezzi essenziali sono più di mille. ◊

Luigi Malerba, **Il Corriere della Sera**

ingranaggio cogwheel
leonardeschi adjective from Leonardo (Da Vinci)
motore a scoppio internal combustion engine

Senza automobile però non si puo

D. Che cosa potrebbe significare una politica di austerità, la rinuncia all'automobile privata?
R. Causerebbe un cambiamento radicale del modo di vivere e di pensare della gente, quasi una rivoluzione. La civiltà dell'automobile vuole dire tante cose, nel bene e nel male: dalla possibilità di ◊ movimento garantita per tutti allo spreco irrazionale delle risorse, all'inquinamento delle città, fino alla seconda casa in campagna e ◊ alla speculazione edilizia nelle valli alpine. È bastato bloccare le automobili per qualche domenica, nel '73, per portare sull'orlo del ◊ collaso l'economia delle località del weekend: immaginate cosa potrebbe succedere se di automobili non ce ne fossero più.

From an interview with transport expert, Guglielmo Zambrini, **Panorama**

spreco waste
edilizia property, building (industry)
orlo edge

Vita difficile in città

Erano ferme sul portone. «Chi è nata in un paese non si può abituare in città», cominciò Irma. «È una vita troppo differente. Anche per uscire, non è mica come qui, che devi stare a cambiarti . . . E poi in un paese ci si conosce tutti. Qui, che esco a fare, se non conosco nessuno?»

«Perché ci stai da poco tempo,» disse Anna.

«Ma tu ci stai da quando sei nata; e chi conosci? Oggi per esempio: quante persone avremo visto? Migliaia e migliaia. Ma anche tu, scommetto, era la prima volta che le vedevi.»

Carlo Cassola, **Ferrovia Locale**, Einaudi

mica at all
scommettere to bet

Senza parole

3 A tavola, signori

Viaggio tra i prezzi degli snack bar, tavole calde, self-service

I forzati della forchetta

◊ Sono i dipendenti di enti pubblici (bancari in testa). segretarie e impiegati costretti a consumare un rapido pasto nell'intervallo di lavoro - Ma la qualità dei piatti è generalmente buona e i costi «decorosi» Molto più cari gli spuntini alla stazione ◊ (chissà perché)

Newpaper headline

enti companies
spuntini snacks

Per cuocere, meglio Olio Sasso

Alcuni pensano che per i cibi cotti, l'olio di oliva sia troppo pesante. E' vero il contrario. Un buon olio di oliva, come Olio Sasso, al calore subisce minori alterazioni di altri grassi, per cui non affatica la digestione e non nuoce alla salute.

Ma oltre che un alimento leggero e digeribile, Olio Sasso resta pur sempre un condimento raffinato, dal profumo e dal gusto delicati, che si fondono a meraviglia al profumo e al gusto degli altri ingredienti.
E' il condimento di elezione per insalate e salse fredde. In un sugo leggero, si sposa a meraviglia col gusto del pomodoro e il profumo del basilico. ◊ In un brasato aiuta l'incontro fra il sapore inconfondibile della carne e le sfumature dei tanti aromi. ◊ Nel fritto, dà sempre cibi dorati, croccanti, mai unti...

From an advertisement for olive oil

brasato pot roast
unti greasy

Commensali

Prendevo i pasti in certi ristorantini a prezzo fisso, che in questa città sono tutti gestiti da famiglie toscane, parenti tra loro, e le cameriere sono tutte ragazze d'un paese che si chiama Altopascio, e vivono qui la loro giovenezza, ma sempre col pensiero ad Altopascio, e non si mescolano al resto della città, e la sera escono con giovani sempre di Altopascio, che lavorano qui nelle cucine dei ristoranti o anche in aziende meccaniche ma sempre tenendosi vicini ai ristoranti come a sobborghi del loro paese, e queste ragazze e questi giovani si sposano e alcuni tornano ad Altopascio, altri si fermano qui a lavorare nei ristoranti dei parenti e dei compaesani, risparmiando per poter aprire un giorno un ristorante per conto loro.

La gente che mangia in questi ristoranti si sa chi è: tranne quelli di passaggio, che cambiano sempre, i clienti abituali sono impiegati scapoli, anche certe impiegate zitelle, e qualche studente e militare. Dopo un po'questi avventori si conoscevano tutti e chiacchieravano da un tavolo all'altro, e a un certo punto si formavano dei tavoli comuni, di gente che in principio non si conosceva e poi finiva per prender l'abitudine di mangiare sempre insieme.

Anche con le camerierine toscane tutti ci scherzavano, scherzi alla buona si capisce, chiedevano dei fidanzati, si rimandavano delle battute, e quando non c'era niente di cui parlare attaccavano con la televisione, dicevano chi era simpatico e chi antipatico di quelli visti ultimamente nei programmi.

Italo Calvino, **Gli amori difficili**, Einaudi

gestire to run, to manage
tranne except
scapoli bachelors
zitelle spinsters
scherzare to joke
battute witticisms

A TRAMONTI, VICINO A NAPOLI,
UNA SINGOLARE «UNIVERSITA'»

ORE 9: LEZIONE DEL PROFESSOR PIZZA

Un gruppo di esperti pizzaioli ha aperto una scuola per insegnare ai ragazzi l'arte di impastare, condire e cuocere questa popolare vivanda.
I corsi sono frequentatissimi e i «laureati» molto richiesti dappertutto

gastronomia di VINCENZO BUONASSISI

Le pizze napoletane più classiche, sempre col disco sottile ma non troppo, col bordo più alto a formare il «cornicione», dovevano essere — secondo quanto si tramanda anche in opere letterarie storiche che se ne occupano incidentalmente — quella con olio e aglio, arricchita poi da una presa di origano, insomma: la cosiddetta marinara, a cui solo in tempi relativamente recenti si è aggiunto il filetto di pomodoro; e la pizza coi «cicinielli», cioè coperta di pesciolini minuti, quasi allo stato di larve, più il solito aglio, e origano, sale e pepe.

C'è una pizza alle quattro stagioni; e una alla romana, con mozzarella e acciuga, e poi anche formaggio grattugiato, basilico eccetera. Ma la pizza alla romana ha anche una sua diversità nel fatto che si vuole più sottile, il che porta al risultato di cuocere un disco di pasta più croccante che la napoletana.

Infine, vorrei citare due tipi di pizza, non molto noti: la pizza al

gorgonzola, che fa il mio amico Cortese a Milano, in piazza Liberty,
◊ figuratevi, sul disco, gorgonzola sbriciolato, olio, avolte pomodoro, a volte no; e pizza con la cipolla, che si fa mettendo sul disco abbondante cipolla fresca, tritata minutamente, formaggio pecorino ◊
grattugiato, olio. Il tutto, cuocendo, forma una crosticina dorata, saporitissima; poi in tavola si aggiunge una bella macinata di pepe.

Vincenzo Buonassisi, **Domenica del Corriere**

tramandare to pass down (from generation to generation)
aglio garlic
croccante crisp
sbriciolato crumbled
tritata minced
formaggio pecorino ewe's milk cheese

risponde il dietologo

Cinzia Barbieri, Parma
Qual è il significato del diversi cibi, secondo lo psicologo?. . .
Esiste una classificazione psicologica ed emotiva dei cibi. Il latte, ad esempio, conferisce sicurezza in se stessi; i dolci rappresentano una ricompensa psicologica; la carne rossa «al sangue» ha effetto magico-feticistico, e simboleggia forza e vigore; il caviale ha valore esibizionistico. Vi è sempre un rapporto tra alimentazione e vita emotiva, e la personalità umana può essere individuata e classificata dal modo di alimentarsi, dalle preferenze verso questo o quel cibo. L'ansioso quando mangia un cibo prelibato ingoia subito ◊
la parte migliore, quasi temesse di perderla. Il pignolo ha idee ◊
precise sul menu, discute sugli ingredienti che compongono ogni pietanza, non frammischia mai acqua e vino, ad ogni portata pretende un determinato contorno.

Letter to a magazine

prelibato delicious
ingoiare to swallow
pignolo pedant

Albergo da Mauro
Menù a prezzo fisso

Prosciutto con melone
Filetti di acciughe
Antipasto misto
Tonno e fagioli
*
Cappelletti in brodo
Fettuccine al pomodoro
Spaghetti alle vongole
Tagliatelle alla carbonara◦
*
Fritto misto di pesce
Fegato al burro e rosmarino
Cotoletta alla milanese◦
◦Polpettine casalinghe
*
Zucchini / Peperonata◦ / Insalata verde / Insalata mista
*
Dolce / Formaggio / Frutta

alla carbonara with bacon, egg and black pepper
alla milanese fried with egg and breadcrumbs
polpettine meat balls
peperonata stew of green, red and yellow peppers

M il panino

Accade solo a Roma o è un fenomeno nazionale? Nella capitale chiudono le pasticcerie: Ronzi e Singer, secolare e raffinato caffè famoso per i marron glacés, è scomparso. Scomparsa la pasticceria La Tour; Monaldo e Cariglio che in via del Corso offrivano gelatine di frutta e violette candite hanno ceduto il posto ad un negozio di bigiotteria. Paura di ingrassare? Poco tempo per prendere il tè?

M *il panino* down with the bread-roll
accadere to happen
bigiotteria trinkets

in cucina

Pollo in casseruola con verdure. Riunite in una grande casseruola un pollo, vuotato, nettato, lavato, condito dentro e fuori con sale e pepe, e tutte queste verdure, mondate, lavate, ben sgocciolate: 4 carote medie tagliate in quattro spicchi per lungo; 4 cipolline; 4 cucchiai di pisellini teneri; 1 grosso cespo di lattuga tagliato in quattro spicchi; 100 g di fagiolini verdi finissimi. Cospargete con sale, distribuite qua e là 30 g di burro a pezzetti, mettete un coperchio che chiuda molto bene e cuocete per 3/4 d'ora in forno a 210°.

Elena Spagnol, **Domenica del Corriere**

nettare to clean
mondare to clean
sgocciolare to strain
spicchi segments
cespo head
cospargere to sprinkle

LA DIFFICILE ARTE DI SCEGLIERE IL TÈ

Da un po' di tempo beviamo più tè. Anzi, negli ultimi tre anni, il consumo di questa bevanda, in Italia, è quasi triplicato. Sarà perché il tè, a conti fatti costa meno del caffè, sarà perché è diuretico, sarà perché i medici lo consigliano anche ai bambini; fatto sta che, da un milione e mezzo di tonnellate all'anno, siamo passati a quattro milioni. Di queste, il 56 per cento viene da Ceylon, oggi Sri-Lanka.

Del tè nei giorni scorsi c'è stata a Londra un'asta. Perché un'asta? Perché il tè, che cresce principalmente in India, Cina, Indonesia, Pakistan, Africa Orientale, ma anche in Equador, in Brasile, in Argentina, ha, praticamente, raccolti continui e, di conseguenza, continue oscillazioni di prezzo. E perché l'asta a Londra? Perchè gli inglesi sono gran bevitori di tè (ma gli irlandesi li superano) e perché a Londra si trattano, ogni settimana, due milioni e mezzo di chilogrammi di tè, con un giro d'affari di due milioni e mezzo di sterline. Di questo enorme quantitativo oltre l'86 per cento, ma in certi periodi anche il 90, è venduto agli inglesi stessi. Da Londra le esportazioni sono poche, ma i prezzi stabiliti in questa città fanno testo in tutto il mondo.

Qual è il tè migliore? Non si sa. È determinante il gusto dell'assaggiatore, il quale può avere preferenze personali. C'è chi ama il sapore forte, chi gradisce di più un tè aromatico, chi predilige il colore marcato o, al contrario, una delicata trasparenza. Forti sono i tè indiani, molto aromatici i cinesi, di colore intenso gli africani. Ma molti tè non hanno una provenienza precisa perché il tè più gradevole è quello che si ottiene con sapienti mescolanze, amalgamando almeno 14 qualità diverse. Di queste, le più pregiate sono quelle che uniscono foglie e germogli; le meno raccomandabili quelle che utilizzano il prodotto polverizzato: significa spesso lavorazione meno accurata, fioritura meno rigogliosa.

A questo punto qualcuno domanderà: i tè in bustina sono migliori o peggiori di quelli in pacchetti? Risponderò diplomaticamente con le parole di mister A. D. Neale, gentiluomo vecchio stampo, della Sir John Lyon, dove avvengono le contrattazioni del tè: «Nella scatola si possono controllare le foglie. Chi controlla quel che c'è in una bustina? Ci sono le ditte serie, ma ci sono anche gli avventurieri».

Come fa il tè, mister A. D. Neale? Per prima cosa, sceglie il tè: quello scuro, proveniente da Sri-Lanka o indiano, se ha bisogno di una sferzata; quello ◊ verde, cinese e aromatico, se la bevanda dovrà accompagnarsi alla cena. Nel bollitore mette ◊ acqua fresca, non l'acqua che esce subito dal rubinetto, quella è ferma, il tè sarebbe poco profumato e pesante. A questo punto scalda la teiera, vi butta dentro quattro grammi di miscela a persona, aggiunge l'acqua arrivata a ebollizione e attende sei minuti. Dopo, versa: con latte (poco) o limone.

Adele Ferrari, **Oggi**

anzi in fact
a conti fatti everything considered
fatto sta che the fact is
asta auction
raccolti crops
trattare to deal
giro d'affari turnover
fare testo to set the precedent
germogli shoots, buds
rigogliosa luxuriant
vecchio stampo traditional kind
sferzata pick me up
bollitore kettle

Omaggio sincero a tre vini d'Alghero.

◊ *Insieme ne voglio lodare ben tre,*
due sono bianchi.[1] *Il terzo? Un rosé.*[2]
Sono Torbato,[3] *Rosé,*[4] *Vermentino,*[5]
e danno il meglio che può dare un vino.

Son vini giovani,[6] *freschi, sinceri*
e a chi li beve non dan dispiaceri.[7]
Con lor si regala gioia e allegrezza[8]
tenendo sempre lontana l'ebbrezza. ◊

1. *Bianchi. Il poeta qui allude a Torbato e a Vermentino.*
2. *Rosé. Dicesi di vino rosato, particolarmente versatile in tavola. In questo caso, Rosé di Alghero.*
3. *Torbato di Alghero, fresco, giovane, con nerbo deciso. Uno dei grandi vini italiani.* ◊
4. *Si veda nota n. 2.*
5. *Vermentino di Alghero, già celebrato nella poesia "Al fresco e sincero Vermentino d'Alghero". Trattasi di vino bianco, secco e fruttato. Delizioso come aperitivo, è anche molto versatile in tavola.*
6. *Giovani. Non solo perché questi tre vini sono ottenuti da uve di vigneti giovani, ma anche perché esprimono il meglio di sé già dopo pochi mesi dalla vendemmia. Per goderli a pieno vanno bevuti ben freddi.*
7. *Non dan dispiaceri. Grazie alla loro moderata gradazione alcolica, tra i 10 e gli 11 gradi.*
8. *Ebbrezza. Se ne può bere un bicchiere di più senza che diventi un bicchiere di troppo.*

From an advertisement for wines from Alghero produced by **Sella & Mosca**

lodare to praise
ebbrezza drunkeness
nerbo strength

Dopo i molti profumi della cena

Quando tutti si furono alzati,
◊ e si furono sparpagliati
◊ negli angoli, pei vani delle finestre,
sui divani
◊ di qualche romito salottino,
◊ io, non visto, scivolai nel giardino
per prendere un po' d'aria.
E subito mi parve d'essere liberato,
la freschezza dell'aria
◊ irruppe nel mio petto
risolutamente,
e il mio petto si sentí sollevato
dalla vaga e ignota pena dopo i molti profumi della cena.

Aldo Palazzeschi, **I Fiori**, Mondadori

sparpagliarsi to scatter
vani della finestra in the window (recesses)
romito solitary
scivolare to slip away
irrompere to rush in

Advertisement for sparkling wine

questa è buona! this is a good one! (i.e. a good trick)

4 La dolce vita

◊ MARCELLO GIRA COSÍ

◊ «Marcellino, sali, sali, lentamente», invita Fellini «guardati intorno, ora ti fermi, esiti, non sai che cosa fare, poi ti decidi e continui a salire, sali, sali . . .». Marcellino sale, sale, raggiunge la sommità dei ◊ cubo, scavalca una corda e sparisce alla vista di tutti. Dov'è andato? Me lo sono perso? Qualcuno sembra assalito dal medesimo dubbio. «Dov'è Mastroianni?», chiede «dov'è Marcellino?».

Ma, eccolo, che spunta da dietro il cubo. E' sceso da un'altra scala, meno vertiginosa. Passa davanti a due statue finte egizie, supera una Venere grassa e preistorica distesa per terra, e si abbandona su una panca, vicino a me e al tecnico del fumo. «L'ha fatta quattro volte, quella scala», mi informa questo, con aria protettiva, «il dottore sarà ◊ stanco». Il dottore scuote il capo e punta il dito sul registratore. ◊

Possiamo incominciare?

MASTROIANNI: «Allora metto su il disco».

Che disco?

MASTROIANNI: «L'ultimo, quello de *La città delle donne*, no? Che vuoi sapere? Come finisce, come comincia? Non so niente. Che ◊ facevo su quella scala? Boh! Che si fa su una scala? Si sale, quando non si scende. Posso dire che salivo. E quando sono arrivato in cima sono sceso».

Logico, chiaro, sintetico, anche se non sconvolgente. Fino a questo, c'ero arrivato da solo. ◊

MASTROIANNI: «Ma non so niente di più e non mi interessa saperlo. Anzi, se ti devo dire la verità, non voglio saperlo. Anche questo film è un viaggio, e io sono un occhio. E che fa l'occhio? ◊ Guarda. Beh! Io guardo».

Ma quale occhio? L'occhio di chi? L'occhio di Dio, di Costanzo, di Fellini . . .? ◊

MASTROIANNI: «L'occhio di Fellini, naturalmente, dello autore cioè. Perché il protagonista dei suoi film è sempre lui, ossia io che poi sono lui, che poi è me. Insomma, ci siamo capiti?»

◊ Ci siamo capiti. Anche il fumista, o come si chiama, fa cenno di sì col capo. A quanto pare, ha deciso di approfittare della pausa per assistere all'incontro. Niente di male, se non avesse sempre in mano ◊ quella ciotola fumante, che fa tossire me e chiudere gli occhi all'Occhio.

Claudio Quarantotto, **Gente**

girare to shoot a film
Marcellino diminutive form of Marcello (Mastroianni, the actor, here interviewed by Claudio Quarantotto)
scalvalcare to step or jump over
dottore (referring to Mastroianni) title given to those with any university degree and also as a sign of respect
registratore tape recorder
boh! nearest equivalent: search me!
sconvolgente shattering
beh! = *bene* well!
Costanzo name of the cameraman
fumista man who produces artificial smoke
ciotola bowl

AVVISO:
"LE ALI DELLA NOTTE"

un eccezionale spettacolo horror. Per la prima volta nella storia del cinema, una casa cinematografica **"LA CEIAD"**, ha sentito la necessità — date le sequenze terrificanti del film — di stipulare un'assicurazione con la **«RAS»** ◊
per le spese di pronto soccorso, a favore degli ◊
spettatori che venissero colti da malore in sala, durante la proiezione. ◊

Advertisement for a horror film

RAS = *Riunione Adriatica di Sicurtà* an insurance company
pronto soccorso first aid
colti da malore taken ill suddenly

TANCREDI E CLORINDA IN MEZZO AI FRATI

◊ Da cinque anni, quasi in sordina, il paesino di Batignano nel cuore ◊ della Maremma toscana a 13 chilometri da Grosseto è diventato la sede estiva di una manifestazione d'arte, «Musica nel Chiostro», che sta interessando un pubblico sempre più vasto, italiano e straniero, per l'alto livello delle rappresentazioni.

Ne fu promotore un gruppo di artisti inglesi, tutti noti professionisti, i quali si proponevano di liberare l'opera lirica dalla sua cornice «culturale» presentando spettacoli in modo accessibile a tutti senza spendere le grandi somme generalmente considerate necessarie in questo campo. Ogni luglio, cantanti, musicisti, tecnici si riuniscono nel suggestivo chiostro di Santa Croce dei Padri Agostiniani, dove si ◊ svolgono le rappresentazioni, per lavorare e abitare insieme creando una comunità dove tutti si dividono sia il lavoro artistico sia quello domestico. In scena c'è la «primadonna», ma in cucina lava i piatti anche lei.

Incontriamo qui mister Adam Pollock, che del gruppo di Batignano è scenografo e amministratore.

Qual è il programma di «Musica nel Chiostro»?

«Daremo vita a sei spettacoli con opere liriche sconosciute al grande pubblico ma che affondano le proprie radici in un periodo di particolare fortuna per le musiche di corte: *Orontea*, di Marc'Antonio Cesti; *Il combattimento di Tancredi e Clorinda* e *Il ballo delle ingrate*, entrambe di Claudio Monteverdi. L'orchestra è diretta da Jane ◊ Glover, la regia è di Graham Vick. Il periodo: 28 luglio – 4 agosto».

Renato Giuntini, **Oggi**

in sordina quietly, on the sly
Maremma a low-lying plain in Tuscany
svolgersi to take place
regia direction

TEATRO — **Ultimi giorni per vedere Wielopole Wielopole** il nuovo spettacolo di **Tadeusz Kantor**, prodotto dal Teatro Regionale Toscano e invitato dal Teatro di Roma alla Limonaia di Villa Torlonia; dopo lo strepitoso ◊ successo di pubblico e critica ottenuto con **La classe morta** Kantor è venuto in Italia per preparare questo nuovo lavoro che a sua volta ha suscitato un vasto interesse. Un appuntamento da non perdere, dunque. Vi consigliamo però di arrivare a Villa Torlonia con un certo anticipo per trovare dei buoni posti.

Unità

strepitoso outstanding

Come incomincia?

Lo spettacolo

Gli spettacoli dell'Arena hanno sempre bisogno d'un pizzico di circo Barnum. La *Turandot*, con gli spiegamenti di masse sul palcoscenico e sulla scalea retrostante e con i richiami esotici d'una Pechino arcaica e favolosa, soddisfa questa necessità di sfarzo, di corteggi, di battaglioni di comparse impegnati a manovrare sotto un cielo aperto che è un po' una quarta dimensione areniana. Si comprende quindi come la regìa di Mauro Bolognini e la scenografia e i costumi di Mario Garbuglia abbiano cercato di infondere fermenti narrativi in quelli che normalmente sono elementi decorativi: la foggia e i colori degli abbigliamenti, le evoluzioni delle masse, le grandi scalinate, la monumentale facciata della reggia. Sotto questo profilo, tutto ha funzionato bene, anche se l'assillo di riempire gli spazi vuoti e di movimentare il palcoscenico ha suggerito a Bolognini espedienti un tantino fastidiosi: come l'introduzione di ballerini che mimavano – e non brillantemente – il canto delle maschere Ping, Pong e Pang.

Epoca

Arena the ancient amphitheatre in Verona, used for music festivals
pizzico small amount, *lit.* pinch or sprinkle
circo Barnum an American impresario, Barnum, toured the world at the end of the last century with a spectacular kind of circus
palcoscenico stage
scalea flight of stairs
retrostante at the back
sfarzo luxury
comparse extras
foggia fashion, style
reggia royal palace
assillo anxiety

SMERALDO
PIAZZA XXV APRILE

ULTIMI 4 GIORNI
Feriali ore 21,15
Festivi Unico spettacolo ore 16,30

Ritorna
LA SMORFIA

PLATEA L. 4000 - GALLERIA L. 3000
Prenotazioni dalle 10,30 alle 12,30
e dalle 14,30 alle 19
Non sono valide tessere ed omaggi

smorfia grimace
platea stalls
tessere season tickets
omaggi complimentary tickets

TEATRO VERDI DELLA VIA PASTRENGO

31 DICEMBRE ALLE ORE 21

BURATTO ENSEMBLE

Festa di musica, teatro, gastronomia ed altre informazioni culturali con la Cooperativa del Buratto e i suoi amici

PER INFORMAZIONI E PRENOTAZIONI
Telefonare tutti i giorni dalle ore 15 alle ore 19,30

TRM2

CANALE 42 (Milano - Pavia)
CANALE 55
(Bergamo - Brescia - Cremona)

Oggi alle ore 18,30
Concerto dal vivo di
CARLO SILIOTTO

Domani alle ore 22,30
Buon Natale con Estermalia
in diretta dallo studio
con ESTER e GRAZIELLA

TRM2 = Tele-Radio Milano 2 in diretta live

NON
SI ASCOLTA COSI'

Breve guida per una buoneducazione pubblica e privata quando si mette su un disco

Basta con la macchina, basta con le musicassette. Siete sopravvissuti. Siete tornati a casa. I ladri non hanno rubato i vostri dischi. Vi volete distendere, impegnare, interessare, emozionare, informare, intrattenere con la musica. Mentre eravate lontani, vi è venuto in mente qualche disco. Qualche altro ne trovate, che non ricordavate di avere. Qualcuno ve lo comprate nuovo, per festeggiare il rientro. Noi vi diamo un gruzzolo di dischi fondamentali, recenti e preziosi. Ognuno scopre quel che vuole; non c'è ricetta sulla maniera di ascoltare. Però ci sono di sicuro delle maniere in cui NON si deve ascoltare. Ciascuno si fa l'educazione musicale che può. Ma si deve essere almeno un po' beneducati. Tra le ricette che seguono qualcuna vi potrebbe ferire. Il galateo è una invenzione crudele.

CLASSICA

BEETHOVEN
Sonate per pianoforte e violino n. 5 ("Primavera") e n. 9 ("Kreutzer").
Grumiaux vl., Haskil, pf. (riproposta). Philips, 6539 025. Con rilassatezza — in sottofondo come un accompagnamento a faccende che non lo riguardano — orecchiando il motivo senza stare attenti al dialogo fra gli strumenti — cantando ad alta voce i pezzi melodici e mostrando fastidio quando si complicano.

DEBUSSY
Preludi, libro I.
Benedetti Michelangeli, pianoforte. Deutsche Grammophon, 2531 200. Con volume troppo basso — godendo dei suoni ma senza fare caso alla fantasia — con passiva svenevolezza — chiedendosi troppi perché.

MONTEVERDI
Madrigali: La lettera amorosa, Lamento d'Arianna, e altri.
Cathy Berberian e Concentus Musicus. Telefunken, AW 41 930. Con disattenzione alle parole — cercando l'atmosfera antica — pensando a com'erano abili e nobili una volta — con disattenzione al personaggio.

LEGGERA

CAT STEVENS
Tea for the Tillerman. (Island)
Tamburellarsi le cosce o peggio ancora battere il tavolo nel tentativo di seguire il ritmo — pretendere di ballare — anticipare le frasi musicali annunciandole agli amici: «Sentite adesso che fa . . . eccezionale!»

FRANK SINATRA
The best of Frank Sinatra, v. 1 (Capitol)
Versarsi un bicchiere di whisky e ciondolare per la stanza con una mano in tasca — Fissare gli altri con un velo d'amarezza negli occhi — Avvicinarsi da dietro a una finta bionda insinuandole il braccio attorno alla vita.

Michele Puchberg and Paolo Cardoni, **L'Europeo**

gruzzolo a little hoard
galateo rules of etiquette
orecchiare to follow a melody
svenevolezza exaggerated sentimentality
tamburellare to drum
ciondolare to dangle

Televisione stasera alla rete 1

9.40	**COPPA DEL MONDO DI SCI:** slalom gigante femminile.
12.30	**QUALE ENERGIA**, 4ª puntata.
13.00	**ARTECITTA': Urbino.**
14.00	**ANNA GIORNO DOPO GIORNO**, 14ª p.
14.40	**UNA LINGUA PER TUTTI**: il russo.
15.10	**GIALLO ITALIANO: «Un uomo curioso»**, 1ª parte.
16.30	**REMI,** cartoni animati.
17.05	**3, 2, 1... CONTATTO! Capitan Futuro - Ma perché? - Musica, ragazzi!**
18.00	**SCHEDE-ISTITUZIONI: il sinodo e la sua storia**, 1ª parte.
18.30	**I PROBLEMI DEL SIGNOR ROSSI.**
19.00	**CRONACHE ITALIANE.**
19.20	**PER TUTTO L'ORO DEL TRANSVAAL.**
20.40	**DALLAS: «Matrimonio a sorpresa».**
21.35	**STORIE ALLO SPECCHIO.**
22.10	**MERCOLEDI' SPORT.**
23.15	**TELEGIORNALE - OGGI AL PARLAMENTO - CHE TEMPO FA.**

Domenica del Corriere

Domenica del Corriere

A Parigi, con arte

Andarono, mio padre e mia madre, a vedere il Louvre. Mario chiese se avevano visto Poussin.

Poussin, loro, non l'avevano guardato. Avevano guardato tante altre cose.

— Come! — disse Mario. — Non avete visto Poussin! Allora era inutile andare al Louvre! L'unica cosa che vale la pena di ◊ vedere, al Louvre, è Poussin!

— Io questo Poussin, è la prima volta che ne sento parlare, — disse mia madre.

Mario aveva fatto amicizia, a Parigi, con un certo Cafi. Non parlava che di lui.

◊ — Nuovo astro che sorge, — disse mio padre.

Cafi era mezzo russo e mezzo italiano, emigrato a Parigi da molti anni, poverissimo, e senza salute.

◊ Cafi aveva riempito fiumi di fogli, e li dava da leggere agli amici, ma non si curava di farli stampare. Diceva che quando uno ◊ ha scritto una cosa, non occorre stamparla. Averla scritta, e leggerla agli amici, basta. Non c'è nessun bisogno che resti, per i posteri, perché i posteri non contano nulla.

Cosa ci fosse scritto su quei fogli, Mario non lo spiegava bene. Tutto c'era scritto, tutto.

Natalia Ginzburg, **Lessico Famigliare**, Einaudi

valere la pena to be worthwhile
nuovo astro che sorge another rising star
riempire to fill up
non occorre there is no need

Per l'acquisto o la vendita di
OPERE importanti
ANTICHE
dell'800 e del 900
EDMONDO SACERDOTI
dell'omonima ***GALLERIA***
è a disposizione previo appuntamento
MILANO
Sant'Andrea

Advertisement for an art gallery

5 Questo eterno amore

È la fede degli amanti
come l'araba fenice:
che vi sia ciascun lo dice,
dove sia, nessun lo sa.

Pietro Metastasio

Parole d'amore

◊ — Che cosa si dicono costoro?

— Parlano il linguaggio dell'amore. Potreste supporre che i più svariati e brillanti argomenti vengan trattati per ricevere tanta attenzione. Uno soltanto, e il loro repertorio può giungere fino a poche frasi uguali per tutti e uguali sempre. . . . Taluno ne ha ◊ disponibili due o tre che ripete senza fine e sembrano nuove come la prima volta che le disse: più le ripete più sono belle. O compone la propria eloquenza di lunghissimi silenzi rotti da parole tronche e rade. Come le grandi opere del creato l'amore non ha bisogno di parole, quelle cose che gli uomini chiamano mute perché il loro linguaggio non possono capire.

Aldo Palazzeschi, **Perelà**, Mondadori

costoro these people
taluno some people

Cuori spezzati ◊

GIOVANNA F. (Roma), ventiseienne nubile, è stata urtata da un ◊ giovane in *spider* che l'ha subito soccorsa, facendola salire sulla sua auto, e offrendole (la domenica le farmacie aperte son rare) di disinfettare la sbucciatura in casa sua. Lei ha accettato e fra un cerotto e un *whisky* si è trovata fra le sue braccia, e poi tutto il resto. Dopodiché, ha ricevuto un bel mazzo di rose e amen. Senza firma. Non si ricorda l'indirizzo, non si ricorda il numero della macchina, ma si ricorda di lui e desidererebbe rintracciarlo . . . E' ahimé chiaro, signorina Giovanna, che il desiderio non è reciproco e che dopo ◊ esser stata travolta dalla *spider* non le conviene lasciarsi travolgere anche dai ricordi.

GIULIO F. mi scrive con dispetto e poca creanza perché non ho ◊ risposto alla sua lettera. Rispondo ora: questa rubrica non pubblica annunci matrimoniali né proposte di incontri fra cuori solitari. Ma anche se così non fosse, mi guarderei bene, dispiace dirlo, dal proporre a chicchessia un marito tanto rabbioso e scorbutico, ◊ quale il signor Giulio si presenta.

From an agony column in a magazine

spezzati broken
spider sports car
travolgere to knock down, run over
creanza manners
scorbutico cantankerous

annunci

♥ Laureato media età alto bella presenza deluso precendenti ◊ esperienze contatterebbe anche vedova media età per eventuale ◊ mat. Possibilimente di Roma o prov. – Fermoposta Torpignattara – Roma.

♥ Operaio 41 enne bella presenza vedovo con figlio di 2 anni conoscerebbe signorina o vedova senza figli max 40 enne scopo mat. – Fermoposta Gragnano (Lucca).

♥ Signorina 56enne cerca uomo età adeguata possibilmente dell'Italia Centrale, anche vedovo senza figli per eventuale mat. – Fermoposta Centrale – Terni.

♥ Vedovo pensionato senza figli 66enne sano economicamente a posto cerca indipendente 55/60enne disposta trasferirsi scopo mat. – Fermoposta Centrale – Torino.

laureato university graduate
mat. = *matrimonio*
prov. = *provincia*

Duello sul tetto

Dopo un anno di matrimonio il signor Santoro notò che i soliti compagni di caffè cercavano di evitarlo. Quando lo vedevano seduto non si avvicinavano, qualche volta se li raggiungeva al tavolo si allontanavano. Tutti, tranne don Ninì, gli dimostravano ◊ una specie di insopportazione e di distacco.

Seduto nel suo negozio si pose a riflettere; poi si guardò nello specchio, si tolse il cappello due volte e due volte se lo rimise. Aveva capito tutto.

Il giorno dopo, alle cinque in punto del pomeriggio e mentre gli amici sedevano nell'ombra davanti al caffè, uscì dal negozio e sbarrò porte e vetrine come se fosse già ora di chiusura. Gli amici lo guardavano, e quando videro che s'incamminava verso casa a lunghi e lenti passi, lo seguirono a distanza.

Il signor Santoro tolse di tasca la chiave, aprì delicatamente il portoncino ed entrò richiudendo dall'interno. All'altro lato della piazza era fermo il gruppo del caffè che andava ingrossando lentamente.

L'attesa non fu lunga. Dopo cinque minuti si sentì un colpo d'arma da fuoco all'interno della casa, e subito si vide la testa di don Ninì affacciata al buco ovale sopra la finestrella di mezzo. Fu un'apparizione istantanea. Un momento dopo ecco don Ninì che camminava completamente nudo sul tetto della piccola casa, come un equilibrista. Era uscito dall'abbaino e cercava di tenersi al vertice dei due spioventi. Fatti pochi passi fu al limite del tetto e si voltò. Di scatto emerse dall'abbaino il signor Santoro, completamente vestito di scuro e col cappello nuovo in testa. I due uomini erano di fronte a pochi metri di distanza come due duellanti. Santoro stese il braccio armato d'una lunga pistola; e solo allora gli spettatori si accorsero che anche don Ninì aveva nella mano un piccolo revolver. L'ignudo e il vestito stesero il braccio insieme e fecero fuoco. Restarono fermi un istante come per lasciar disperdere l'eco dei colpi, poi don Ninì precipitò dal tetto nella piazza e Santoro rientrò nell'abbaino. Dieci minuti dopo, cambiato il cappello, che si seppe era stato forato da una pallottola, Santoro uscì con la lunga pistola avvolta in un giornale e andò alla caserma dei carabinieri a costituirsi. Intorno al cadavere di don Ninì si formò un gruppetto di persone che guardava la sua bocca ancora sorridente sotto i baffetti neri.

Piero Chiara, **Con la faccia per terra**, Mondadori

don title of honour for priests, also used as a general sign of respect in the south of Italy.
abbaino dormer window
spioventi eaves
costituirsi to surrender to the police

Voce del passato

Il telefono suonò ancora mentre stavamo cenando. Dissi subito: «È per te, naturalmente» ma Teresa scosse la testa con forza: «Se è per me, guarda, rispondi che non ci sono. Se adesso tutte le ◊ socie credono di telefonarmi a ogni ora del giorno . . .»

«Non ci sei per nessuno?»

«Per nessuno.»

«Nemmeno per monsignore?»

«Nemmeno.»

Fui al telefono.

«Pronto.»

Silenzio, e un respiro lento, un po' soffiante.

«Pronto?»

«Il . . . dottor Monti?» Era una voce sottile, faticosa.

«Sono io. Chi parla, scusi?»

Un attimo ancora di silenzio. Poi: «Buonasera, dottore, io sono . . sono quella signorina . . . dell'autobus, dell'altro ieri. L'altro ieri pomeriggio, sa?»

«Dell'autobus?» chiesi, e mi ricordai, di colpo, quegli occhi, quel volto senza speranza. Lei intanto aveva ripreso a parlare, diceva: « . . . si ricorda?, lei è stato tanto gentile da . . . non avevo le cento lire per il biglietto, e lei gentilmente, allora . . .»

«Ah, sì certo, mi ricordo benissimo, signorina. Come sta?»

«Oh, ma . . . bene. Ma io mi stavo domandando come fare per . . . per restituirle il suo denaro, sa?»

«Quelle cento lire? Non parlerà sul serio. Non vorrà mica . . .» mi interruppi, e anche lei, come aveva ricominciato a parlare, tacque con me. Chiesi: «Scusi, ma come è che mi telefona, signorina? Voglio dire, come ha fatto a sapere che io . . .».

Un riso breve e, mi parve, giovane: «Che lei è il dottor Monti?»

«Esatto.»

Tacque per un po', e un po' troppo. Chiesi: «Pronto?».

«Sì, pronto.»

«Le avevo chiesto, signorina, come ha fatto . . .»

«A sapere che lei . . . be', non è difficile . . . qui in città . . .» parlava lentamente, ora, con voce bassa, esitante: «ci si conosce un po' tutti . . .». S'interruppe. La sentii respirare, come se avesse la bocca aperta. Mormorò poi: «Ma allora, Nino . . . davvero non mi hai riconosciuta?»

Mino Milani, **Fantasma d'amore**, Mondadori

socie members (of a club etc.)

DESIDERA SPOSARSI?
AVERE AMICIZIE?

Ci scriva, le offriamo serie proposte! Sicuramente ci sarà la persona che lei cerca, di età, professione e residenza adeguate per lei. Operiamo con massima serietà e riservatezza.

SCRIVERE GIORNALE – CASELLA POSTALE 120

Informitalia

ISTITUTO NAZIONALE INFORMAZIONI

CONTROLLI INDAGINI INFEDELTÀ - ESITO ASSICURATO

Rivolgo questo appello a Giulia di Venezia, una ragazza di circa 23 anni che ho conosciuto il 10 aprile di quest'anno in treno. Era salita alla stazione di Roma Termini ed era diretta a Napoli. Giulia, ti ricordi di me? Scrivimi presto.

— Piantala! Abbiamo fatto a testa e croce e tu hai perso!

piantala! stop it!
testa e croce heads or tails

Molto amore, pochi bambini

Andando avanti così, fra 20 o 30 anni l'Italia potrebbe ◊ diventare un regno di Matusalemme. A non voler figli —

a quanto pare — sono più gli uomini che le donne.
Ma sul fatto che si tratti d'un vero pericolo gli scienziati
◊ discutono accanitamente

DIMINUISCONO I MATRIMONI E LE NASCITE.

MA CHE BUONA NOTIZIA

◊ Si sente un rintocco funebre: qualcuno comincia a preoccuparsi della Denatalità. E non in Svezia, in Austria o in Ungheria: in Italia. Un'Italia che si spopola . . . Se la causa non è atroce, la notizia è
◊ buona. Ma il calo è statistico, e la statistica è uno dei nomi volgari dell'impostura.

Venezia è l'unica che tacitamente si spopoli: bisogna contemplarla da mezzo gennaio a fine febbraio. Un extraterrestre, all'una di notte, sul ponte di Rialto, guardandosi attorno, mormorerà preoccupato: «Dio, quest'Italia è spopolata!» e potrebbe anche credere alle statistiche incollate sui muri del mercato di San Paolo.

«C'è anche la prova statistica!» Mettetevela nell'Impero dei Sensi, ◊
la vostra prova statistica. Io viaggio sugli autobus di Roma, urbani e suburbani.

Giovanni Pace and Guido Ceronetti, **L'Espresso**

Matusalemme Methuselah
accanitamente hotly
rintocco toll
calo drop
Mettetevela nell'Impero dei Sensi you can keep your . . .

◊ Investe con l'auto la moglie separata che è con un amico

TORINO — Un uomo ha investito con la propria auto la moglie dalla quale viveva separato, e un amico della donna, dandosi poi alla fuga, davanti alla stazione ferroviaria di Porta Susa. Si tratta di Giovanni Dettore, 46 anni, che da ◊ tempo pedinava la moglie, Maddalena Mongattio, di 40 anni, la quale dopo la separazione era andata a vivere in una pensione. Ieri incontrandola per strada insieme ad un amico, Michelini Casu, di 50 anni, il Dettore ha lanciato l'auto contro i due, rimasti feriti lievemente.

Il Corriere della Sera

investire to run over
pedinare to follow

Troppo tardi

"Avresti preferito saperti imbrogliato?"◊

"Sì, lo avrei preferito. La vita è già dura senza chiarezza: figuriamoci poi con la chiarezza. Ah, la tua maledetta ossessione di voler chiarire a ogni costo ogni cosa!"

"Volevo che tra noi due tutto fosse perfetto, Francesco."

"La perfezione non esiste, Giovanna. Quando esiste, è irritante."

"Ma io voglio te, Francesco!"

"Peccato. Prima io volevo te e tu non volevi me. Ora tu vuoi me ed io non voglio te. Non ci si incontra mai al momento giusto, vero, Giovanna? O troppo presto o troppo tardi."

"A quanto pare."

"Avevo tanto sperato che tu tornassi. Quando il tuo telegramma arrivò, fu come ricevere un fiore. Ora vorrei che tu non fossi tornata."

Diventava sempre più molle, e più bianco.

"Sono tornata per ritrovare un uomo e una casa. E ti ho parlato come si parla ad un uomo."

"Mi hai parlato come un uomo parla ad un uomo, non come una donna parla ad un uomo. Quanto al ritrovare una casa, temo che stavolta tu abbia sbagliato davvero indirizzo. La tua casa è laggiù."

"La mia casa è qui."

"Lo era."

"Lo è."

"Lo era. Ma perché sei tornata, Giovanna?"

"Anche per ritrovare te."

"Mi dispiace."

◊ Un lungo silenzio. Poi la fodera del cappotto frusciò contro la sua giacca.

"Allora me ne vado, Giovanna. È tardi."

"Vedo."

◊ Si alzò, infilò la vestaglia, lo accompagnò fino alla porta cercando una scusa per trattenerlo. Ma non la trovò.

"Cerca di dormire, Giovanna."

"S'intende."

"Ti lascio il giornale."

"Grazie, molto gentile.» E sorrise con amarezza.

Oriana Fallaci, **Penelope alla guerra**, Rizzoli

imbrogliare to cheat
fodera lining
frusciare to rustle
vestaglia dressing-gown

6 Casa mia, casa mia

Primi anni

Quand'ero bambino piccolo, nei primissimi anni della mia vita, il mio maggior piacere era di andare nel letto di mia madre. Ci dormivo qualche volta, di rado, quando mio padre era in viaggio. Piú spesso vi andavo al mattino, appena svegliato, e giocavo con quei cuscini immensi, e mi riaddormentavo quasi senza accorgermene. Era un piacere pieno di gloria. Quel letto era un letto vero, in un mondo vero, non una culla o un letuccio da bambini. Era un letto sterminato, quasi senza confini. Era un grande mare calmo, dove, al solo muovere d'un piede, nascevano onde e tempeste. Era una grande pianura coperta di neve, dove, sopra le ginocchia piegate, sorgevano per incanto grandi montagne bianche. Le lenzuola di lino erano cosí pesanti che mi schiacciavano, ma se me ne coprivo il capo, ero sotto terra, in una grotta infernale e meravigliosa. Sul soffitto era dipinto un puttino nudo, con delle piccole alucce di farfalla, che portava in mano un grande mazzo di fiori di campo. Questo mazzo si distendeva per tutto il soffitto, con una grande curva a parabola, fatta di steli, di foglie d'erba e di fiori. Il puttino alato mi guardava, e mi sorrideva, con una boccuccia semiaperta, piena di piccoli dentini bianchi come quelli delle bambole, e io passavo ore a guardarlo e a seguire la curva delle foglie, dei fiori, degli steli.

Carlo Levi, **L'Orologio**, Einaudi

culla cradle
lettuccio small bed, cot
alucce small wings
steli stems

Davanti al fuoco

È bello starsene seduto al caldo a far niente come piace a me, e guardare il fuoco che attacca con insistenza la legna messa da poco e la avvolge tutta con la fiamma, e a poco a poco la riduce a un grande pezzo di brace rossa, che poi si spacca in tanti pezzi quasi bianchi. Allora bisogna rimuoverla perché non soffochi nella cenere e mettere un altro pezzo grosso per sostegno.

Lalla Romano, **Le parole tra noi leggere**, Einaudi

brace live coal

Case e terreni

In Sardegna offro in affitto, in una villetta con giardino, un appartamentino con 6 posti letto, per periodi di 3 settimane.

A Monterosso affitto mensilmente un appartamento con 4 posti letto, a 100 m dal mare. Se siete interessati telefonatemi al giornale.

A Morgex-Aosta offro in affitto per agosto un minialloggio arredato. Se vi interessa telefonatemi al numero seguente: 407692

Le baby-sitter

Cerchiamo, da settembre, una signorina seria ed esperta, disposta a prendersi cura di un bambino di 9 mesi nella mattinata e disponibile per un piccolo aiuto domestico.

Una universitaria 20enne si offre per custodire bambini presso una famiglia seria. È libera subito a può anche insegnare l'inglese.

A Pavia una signora accudirebbe con tanto amore un bimbo, al proprio domicilio, solo al mattino e fino alle ore 14. Le potete telefonare al giornale.

affitto rent
arredato furnished
baby-sitter used here to mean 'au pair' or part-time nanny

Oggi è frequente diventare madri a quarant'anni

Da cinque anni anche l'Italia e la Francia sono interessate a un fenomeno che finora era stato prerogativa quasi esclusiva dei paesi anglosassoni: essere madri a quarant'anni. Il tema è affrontato, con una grande inchiesta, nel prossimo numero di «Insieme» in edicola ◊ oggi.

Se da un lato si può parlare di un forte calo delle nascite nella maggior parte dei paesi europei, dall'altro si può notare, sempre più frequente, la scelta da parte della donna di avere un figlio, il primo, o anche il secondo o il terzo, a un'età, intorno ai quarant'anni, nella quale le nostre madri si sarebbero sentite superdecrepite.

Esemplare può essere il caso di Claudia Cardinale, mamma e nonna contemporaneamente a 40 anni.

Il Corriere della Sera

in edicola on the news-stands

La mamma ideale

La nostra mamma è troppo giovane! — si lamentava a volte la Paola con me. — Io invece avrei voglia di avere una mamma vecchia, grassa, con tutti i capelli bianchi! una che stesse sempre ◊ a casa, che ricamasse delle tovaglie. Come è la mamma di Adriano. Mi darebbe un tale senso di sicurezza, avere una mamma molto vecchia, tranquilla. Una che non fosse così gelosa delle mie amiche. Io la verrei a trovare, e sarebbe lì, sempre serena, col ricamo, tutta vestita di nero, e mi darebbe dei buoni consigli!

Natalia Ginzburg, **Lessico famigliare,** Einaudi

ricamare to embroider

La chiave nella porta

di Marie Cardinal
Bompiani

«Da principio, quando ho detto ai miei figli che i loro amici erano i benvenuti, l'ho fatto perché non conosco niente di meglio dell'amicizia e volevo che i miei figli profittassero al più presto possibile dei suoi piaceri e delle sue leggi. Condividere, scambiare, ◊ non è poi tanto semplice. L'amicizia è una buona scuola per la vita . . . Ora la chiave è nella porta giorno e notte». Tutti possono entrare e uscire, e la casa, quattro stanze, si riempie della vita degli adolescenti, confusa, molteplice, semplice, vera, dura: gli amici si tirano dietro altri amici, in una specie di catena, alcuni tornano regolarmente, alcuni non fanno che passare. Si fermano a mangiare, anche a dormire, ma soprattutto a sentir musica, a studiare, a far niente, a sognare, a parlare, a esprimersi, a comunicare, a evolversi. Sono ragazzi di ogni genere, e naturalmente non mancano gli ◊ sbandati, gli irregolari, i drogati, i contestatori, quelli che semplicemente non vanno d'accordo con i genitori. I loro problemi sono i problemi di tutta una generazione, oltre che di un'età della vita: la difficoltà di trovare lavoro, la tentazione della droga, l'incontro con l'amore e con la sessualità, la mancanza di fiducia in sé.

Extract from a book review in **Grazia**

condividere to share
sbandati drop outs

Chi nasce . . .

Nome e cognome: Giorgio PILACCHI.
Età: 10 ore circa.
Altezza: 52 centimetri.
Peso: 4 chilogrammi.
Aspirazioni: essere la gioia di tutti quelli che gli vogliono e gli vorranno bene.
Cosa gli piace: mamma MARIA, papá FURIO, i NONNI, ecc. ecc.
Cosa non gli piace: il latte cattivo (per ora!).
Roma, 15 agosto.
Maternità – Ospedale San Giacomo.

. . . e chi muore . . .

I familiari del compianto
GIOVANNI BENEDETTI
annunciano che i funerali avranno luogo lunedì 20 agosto, alle ore 10, partendo dalla camera ardente ◊ dell'Ospedale Maggiore.
Cremona, 19 agosto

Partecipa al lutto:
—Mimy Strano

camera ardenta mortuary chapel

. . . forse

DICHIARAZIONE DI MORTE PRESUNTA

Con sentenza 27 giugno n. 2/79 il Tribunale di Trieste ha dichiarato la morte presunta di Giusto SLOBEC, nato a Trieste l'11 settembre 1896, alla data del 25 maggio 1925.
Visto per conformità: **avv. Nicola Annoscia.**
Trieste, 25 luglio
IL CANCELLIERE
(rag. Ada Briscik)

Fratelli si rivedono dopo sessant'anni

NAPOLI — Fratello e sorella — Domenico e Carmela Mirra, di 89 e 79 anni — che non si vedevano da oltre 60 anni si sono riabbracciati ieri sera in una sala dell'aeroporto di Capodichino.

Domenico, che vive in Pennsylvania, è giunto in aeroplano per rivedere la sorella adempiendo un ◊ voto ◊ fatto 50 anni fa. All'incontro hanno partecipato una trentina di nipoti.

Domenico Mirra era emigrato sessant'anni fa negli Stati Uniti.

La Stampa

adempiere to fulfil
voto vow

Quindicenne muore tra le fiamme

DAL NOSTRO CORRISPONDENTE
COMUN NUOVO (Bergamo)

— Una ragazza di quindici anni, abitante a Lissone e ospite degli zii con la nonna e il fratellino, è morta, asfissiata dal fumo, nell'incendio sviluppatosi nella cucina dell'abitazione, in viale Amedeo Duca d'Aosta, probabilmente a causa di una fuga di gas. La vittima, Nicoletta Villa, abitante in via Aliprandi, stava festeggiando ◊ l'onomastico di una cuginetta e sarebbe stata raggiunta in serata dai genitori e dal terzo fratellino, di tre anni.

Nel tentativo disperato di salvarla, un altro cugino, Roberto Ferrario di diciotto anni, raggiungendola nel sottoscala dove era rimasta prigioniera della fiamme, ha ◊ riportato ustioni, per fortuna non gravi, alle braccia e al volto ed è stato ricoverato all'ospedale maggiore di Bergamo, con una prognosi di trenta giorni.

Il Corriere della Sera

onomastico saint's day
ustioni burns

Un "Hobby" sconvolgente

Siamo una giovane coppia trentenne con una bambina di sei anni. Da quando mio marito si dedica all hobby *della falegnameria, la pace è scomparsa dalla nostra casa. Si vive fra trucioli, seghe, chiodi, martelli, eccetera, sparsi un po' dappertutto, sebbene egli abbia una stanza tutta sua, il nostro ex tinello, attrezzato a laboratorio. Mio marito si è messo in testa di rifare gran parte dei nostri mobili e, approfittando di una mia breve assenza, ha venduto il salotto (in bel noce, di Cantù, parte della mia dote) per rimpiazzarlo con dei mobili che va costruendo e che a me sembrano scatoloni a cassetti. Finito questo lavoro, ha già annunciato che provvederà alla coloritura dei suoi capolavori e prevedo un'aggiunta di confusione e sporcizia. Mia madre (indignata per la vendita del salotto) mi consiglia di minacciarlo di andarmene di casa con la bambina (potrebbe ospitarci provvisoriamente). Ma se durante la mia assenza lui ne approfittasse per disfarsi anche della nostra bella camera da letto? Insomma non so decidermi e mi rivolgo al suo ben noto buon senso.*
Ferrara.

Dubito che in qualche riga riuscirei ad arginare la furia devastatrice e le iniziative di suo marito. E penso che tutto sommato le convenga ormai rassegnarsi al salotto moderno che forse non sarà orripilante come lei pensa . . . Al suo posto, non minaccerei di andarmene, mi limiterei a fare dei patti: finito il salotto, il resto della casa non si tocca e il laboratorio si trasferisce altrove: in cantina, in soffitta, in garage. Se può consolarla, lei non è la sola a subire le conseguenze di un *hobby* del genere, che riviste, opuscoli, campagne pubblicitarie, contribuiscono a diffondere in nome del "fatelo da voi", e naturalmente non sempre con piena soddisfazione di tutta la famiglia. Tempo fa una lettrice italiana mi scrisse dalla California lamentando che il marito trascorreva i *week-ends* costruendo casse da morto fantasiose da offrire ai parenti e agli amici i quali, ovviamente, non sempre dimostravano di gradire il dono.

Letter to a magazine

falegnameria carpentry
trucioli chips (wood)
tinello breakfast room
attrezzato fitted out
arginare to stem
casse da morto coffins

Dopocena Rilassati

Lascia i piatti alla lavastoviglie.

Sì, oggi il tuo dopopranzo e il tuo dopocena puoi dedicarli veramente alle cose più importanti anziché ai piatti. Perché oggi tocca alla lavastoviglie lavare i piatti. Con una lavastoviglie della nuova generazione i piatti si mettono in macchina e basta (ci penserà la macchina a pulirli una volta al giorno). Inoltre la macchina ti offre più igiene del lavaggio a mano. Sta in poco spazio. Lavora in silenzio. E se fai bene i conti costa meno del lavaggio a mano.

Advertisement for a dishwasher

lavastoviglie dish-washing machine

— Non c'è niente di meglio che rilassarsi, dopo che gli ospiti se ne sono andati: vero, Luigi?

Il test dell'antifurto

L'AMBIENTE

Città con meno di 200.000 abitanti	10
Città con più di 200.000 abitanti	25
In zona industriale/commerciale	20
In zona turistica	10
In zona agricola	5

IL PALAZZO

Ingresso con portierato	10
Ingresso senza portierato	20
Una sola scala interna	10
Due o più scale interne	25
Uffici o studi professionali all'interno del palazzo	25
Cortile con magazzini o laboratori	25
◊ Impalcature edili addossate al palazzo	40
Nell'ultimo anno si sono verificati furti nella zona	40

L'APPARTAMENTO

Situato al piano terreno	40
Situato al primo o all'ultimo piano	30
Situato ai piani intermedi	10
Una sola porta d'ingresso all'appartamento	20
Due o più porte d'ingresso	40
Finestre e balconi che danno solo sulla strada	10
Finestra e balconi che danno sulla strada e sul cortile	20
Finestre che danno sulle scale interne	40

LE ABITUDINI FAMILIARI

Durante le ferie l'appartamento è: ◊	
Custodito	5
Incustodito per meno di 10 giorni	20
Incustodito per più di 10 giorni	40
Durante il giorno l'appartamento è incustodito per:	
Meno di un'ora al giorno	5
Più di un'ora al giorno	20
Ad intervalli regolari	40
Ad intervalli irregolari	10

Sommando i numeri di tutte le voci che corrispondono all'appartamento da valutare, si ottiene un totale che esprime il livello di sicurezza.

Se il totale così ottenuto è

Meno di 140 Vi trovate in una concomitanza di fattori che rendono difficile l'attuarsi di un furto. E' una situazione ragionevolmente sicura.

Da 140 a 190 Situazione normale. Diviene delicata se possedete oggetti di valore facilmente asportabili.

Da 190 a 250 Situazione critica: sussistono molti fattori che agevolano il compiersi di furti anche da parte di ladri non particolarmente esperti.

Più di 250 Situazione molto pericolosa. Indipendentemente dai valori che tenete nell'appartamento, entrare a casa vostra è decisamente facile.

Per la compilazione del test non sono state prese in considerazione le ville e le abitazioni isolate, perché i loro livelli di pericolosità, molto elevati, non sono facilmente quantificabili in una valutazione di questo tipo.

Il Mondo

impalcature edili scaffolding
ferie holidays

A.A.A. padrone cercasi

Come si comporterebbe un cane abbandonato se potesse comunicare direttamente con l'uomo? La Lega nazionale per la difesa del cane, data la sua lunga esperienza, ha provato a immaginare una lettera scritta da un cane rinchiuso in un canile: Caro uomo, sogno la libertà, i prati, le tentazioni dell' ignoto, della sorpresa, della speranza: vorrei scappare, ma ho paura. Ricordo spaventi, illusioni e dolori, amori e corse dietro bellissime cagnette. Vorrei tornare indietro, tentare, guardare un signore che passa, cogliere il suo sguardo nei miei occhi, commuoverlo e convincerlo a «vivere insieme». Gli sarei, penso, molto fedele e affezionato, lui si abituerebbe a me e io a lui. Le gioie sue sarebbero le mie, nel dolce abbandono che ◊ rapisce il cane in un mare d'amore, di tutto dimentico e di tutto illuso, chiuderei gli occhi in attesa di quella carezza sicura, forte e tenera, un poco dolce e un poco severa che può in un attimo farmi scordare tutto ed inventare le più belle illusioni.

Ma non scapperò: se vivrò lo farò con coraggio e dignità. Aspetterò sempre, sino all'ultimo, sino a quando vivrò, che un uomo mi venga a prendere. Mi piacerebbe non morire avendo come ultima immagine il muro e la grata della mia cella.

E così sogno,
e sognando vivo.

Dixi

P.S. Anche i miei amici del rifugio avrebbero voluto scriverti ma non era possibile, così ti saluto a nome loro.

Brava

abbandono surrender

7 Salute e bellezza

Appeal for blood donors

— Fermi tutti: questa è una rapina!

rapina hold-up

Medicine

Io amo le mie medicine e so che quando ne abbandono una, prima o poi vi ritornerò. Del resto non credo di aver perduto il mio tempo. Chissà da quanto tempo e di quale malattia io sarei già morto se il mio dolore in tempo non le avesse simulate tutte per indurmi a curarle prima ch'esse m'afferrassero.

Italo Svevo, **La coscienza di Zeno**

Le belle malattie

Alberto diceva a Miranda:

– Sempre bronchiti! sempre malattie stupide! Mai che mi tocchi ◊ curare qualche bella malattia strana, un po' complicata, un po' ◊ strana! Io mi stufo! In fondo mi stufo! Non mi diverto abbastanza!

Invece, a fare il medico, si divertiva; non voleva però confessarlo. Mia madre diceva:

– Alberto ha una gran passione per la medicina!

Diceva: – Voglio andare da Alberto a farmi visitare. Oggi ho un po' di mal di stomaco.

E mio padre diceva:

– Macché! cosa vuoi che sappia quel salame di Alberto!

Diceva: – Hai mal di stomaco, perché ieri hai mangiato troppo! Prendi una pillola! Ti do io una pillola!

Natalia Ginzburg, **Lessico famigliare,** Einaudi

mai che mi tocchi I never have the chance
io mi stufo I get fed up

Advertisement for pain killers

Ambulatorio

Arrivammo, alla fine. Era una casa moderna, anonima, fredda.
Erano più o meno le dodici e un quarto, c'erano cinque o sei
automobili parcheggiate davanti alla casa. Scendendo aiutata da
◊ mia moglie, Loredana balbettò: «Chissà quanto ci sarà da
aspettare!»

◊ «Magari no, vedrai» mormorò Teresa. La porta dell'ambula-
torio era nell'atrio, subito a destra: «Avanti» diceva una targhetta, ◊
Teresa aprì e ci trovammo in un piccolo vano. Cinque o sei facce ◊
magre, brune e ansiose si volsero verso di noi.

Teresa mormorò: «Eh, sì, c'è un po' di gente». Loredana annuì. ◊
Ora non piangeva più. Entrammo nella sala d'aspetto, passi fur-
tivi, parole mormorate e lasciate a metà, piante verdi negli angoli,
vecchie e consunte riviste su bassi tavolini, poltrone dai braccioli
◊ logori e dallo schienale un po' unto. Da un uscio chiuso venivano
parole, voci. C'era il dottore, là dietro. Visitava.

Loredana sedette. Teresa sedette accanto a lei; e con lo sguardo mi indicò una poltrona. Scossi la testa. Restai in piedi.

S'era fatto un gran silenzio immobile.

Passarono alcuni minuti. Loredana guardava fissa davanti a sé. Teresa teneva la testa bassa su una rivista aperta sulle ginocchia.

Mino Milani, **Fantasma d'amore**, Mondadori

balbettare to stammer
magari perhaps
targhetta small name-plate
vano room
annuire to nod, to assent
logori worn out

IN CIFRE I DANNI DEL FUMO

Tutti sanno che il fumo fa male quando se ne abusa, ma non è sempre facile tradurre questo rischio in cifre precise. Adesso, un rapporto di un Comitato tecnico dell'Organizzazione Mondiale della Sanità ci fornisce alcuni dati: un fumatore raddoppia il suo rischio di morte prima dei 65 anni, il fumo di sigaretta è responsabile del 90 per cento dei cancri polmonari, del 75 per cento dei casi di bronchite cronica incurabile, del 25 per cento degli infarti cardiaci. In Inghilterra, 25 mila casi di morte sono ogni anno da imputare direttamentre al fumo di sigaretta.

Gente

IL MAL DI GOLA

CHE COSA FARE PER DIFENDERSI

1 Quando c'è freddo-umido, nelle giornate di pioggia o di nebbia, camminare sempre a bocca chiusa, aiutandosi col succhiare pasticche a base di mentolo, di miele, di eucalipto, di vitamina C, di liquerizia, che svolgono azione antimicrobica.

2 Quando c'è freddo-secco, nelle giornate di gelo e di neve oppure ◊ in montagna, usare capi d'abbigliamento di lana, che si possano facilmente mettere e togliere, secondo la temperatura ambientale, in ◊ modo da non sudare e da non rabbrividire (evitare sempre il «secondo brivido» e gli sbalzi di temperatura).

3 Ai primi segni d'irritazione della gola, sospendere il fumo (se si è fumatori) o evitare i locali dove gli altri fumano. Ricorrere tempestivamente a sciacqui e gargarismi, usando acqua con aceto o succo di limone; adottare «disinfettanti» della gola.

4 Se il mal di gola non regredisce in breve, ma si complica anzi con febbre e tumefazione delle linfoghiandole del collo, mettersi a letto e, in attesa del medico, farsi practicare un esame delle urine e un esame del sangue.

5 Se non si può fare a meno di uscire, per impegni inderogabili, ricordare che le parti del corpo che vanno più scrupolosamente protette sono la testa e le estremità.

Epoca

capi d'abbigliamento garments
sudare to perspire
rabbrividire to shiver

PARTE DELL' UMANITA' SOFFRE LA FAME,
MA CI SONO POPOLI MINACCIATI DALL'OPULENZA

È super-nutrito? Allora è in pericolo

Fra le malattie torna d'attualità la gotta, che però ◊ può manifestarsi anche indipendentemente dall'eccesso di alimentazione.

Sulla nostra Terra, dove tanta parte dell'umanità soffre la fame, esistono anche popolazioni minacciate da quelle che sono comunemente classificate «malattie del benessere». Le malattie del ricambio, per esempio, sono spesso (non sempre) tipiche malattie del benessere, legate al fatto che gli uomini delle società opulenti, in genere, si alimentano in maniera eccessiva, e inoltre sono troppo sedentari. E' questo che altera il ricambio ◊ dell'organismo, e finisce per causare mali assai diffusi come l'obesità, il diabete, l'uricemia.

Ulrico di Aichelburg, **Euro**

gotta gout
ricambio metabolism

Grasso è bello

◊ A me le donne che si sottopongono a privazioni da campo di ◊ concentramento sembrano sceme, non solo perché si precludono appunto la via al successo, ma perché le astinenze caloriche le portano ad altre astinenze, alla mancanza di entusiasmo. Chi fa le diete, secondo me, cade in depressioni profonde, si incattivisce e si ◊ intristisce.

Paolo Fallaci, **Annabella**

sottoporsi to submit
sceme foolish
incattivirsi to get cross

A TAVOLA CON LA BILANCIA

DITE NO ALLE DIETE LAMPO

È un errore pretendere di perdere peso in pochi giorni; bisogna invece ridurre soltanto di un terzo le calorie abituali e soprattutto avere pazienza e metodo

CALORIE CHE SI CONSUMANO IN UNA GIORNATA-TIPO		
	UOMO	DONNA
8 ORE di attività professionale	1'200 cal.	880 cal.
1 ORA per toilette, vestirsi, ecc.	180 cal.	150 cal.
1 ORA e ½ di movimento	480 cal.	220 cal.
4 ORE di attività sedentaria	370 cal.	420 cal.
1 ORA e ½ di ricreazione attiva	470 cal.	210 cal.
8 ORE di sonno	500 cal.	420 cal.
Totale	3'200 cal.	2'300 cal.

L'uomo-tipo, di mezza età, di corporatura normale, consuma sulle 3200 calorie giornaliere; la donna, 2300 (qui vediamo come si calcola questa somma). Per dimagrire non si deve ri- ◊ durre drasticamente tale apporto calorico: l'organismo si adatterebbe a bruciare poco e il peso rimarrebbe invariato. È anche controproducente fare due pasti invece di tre.

Ulrico di Aichelburg, **Oggi**

apporto intake

Hydra Sol de Lancôme.

Ruba al sole l'abbronzatura piú bella senza fargli rubare la tua acqua.

In cambio di una bella abbronzatura, il sole chiede alla tua pelle la cosa piú importante: l'acqua.

E allora i tessuti si rilassano, perdono freschezza, invecchiano.

I Solari Hydra Sol de Lancôme risolvono questo problema perché utilizzano i principi idratanti di Hydrix e quelli ammorbidenti di Harmoline.

Con Hydra Sol avrai un'abbronzatura come nessuna, perché la tua pelle resterà morbida, elastica, fresca.

Hydra Sol de Lancôme.
Per il primo sole, il pieno sole, il dopo-sole.

Advertisement for sun creams

STUDIO
DOTT. MAXIA
DI CHIRURGIA ESTETICA E PLASTICA
Correzione dei difetti estetici del viso e del corpo
MILANO

Cerchiamo bambini bellissimi,
età 3 mesi - 1 anno,
per una importante campagna pubblicitaria.

Presentarsi lunedì 19 novembre in
Via Quarnero, a Milano.

Moda

VESTI COME TI PARE MA ATTENTO AL COLORE

Per oggi ancora un discorso colore, ma tutto pensato per le vacanze. Colore, per esempio, nella scelta delle espadrillas, le scarpe di tela e corda che somigliano a quelle di Capri. Colore per i costumi da bagno: discreti, alti di fianco e poco sgambati quelli degli uomini; monopezzo ma non per questo meno rivelatori quelli da donna. Per cui si impone pelle levigata per la quale fa precise proposte Clinique, abbronzatura totale e forme impeccabili, magari ottenute con massagi ultrasapienti.

Ancora colori nelle magliette che ormai sappiamo chiamare tutti T-shirt. E qualche stravaganza di disegni e sciocchezze varie stampati qua e là. Con ovvii dosaggi se non si hanno più venti anni. Uomini e donne, per carità, non dimentichino in vacanza il pantaloncino short e il pantalone di cotone con tante tasche.

Giuliana Ricca, **Europeo**

poco sgambati not too brief
levigata smooth
sciocchezze nonsense

E' riesploso il boom delle vendite per corrispondenza

250 MILA MARIE SI VESTONO PER POSTA

Giugno

Le Marie sono 250mila, le Anne sono 110mila, seguite a qualche lunghezza da Angela, Rosa, Giuseppina e Giovanna. In classifica maschile, capilista sono i Giuseppe, seguiti dagli Antonio, dai Giovanni, dai Francesco. Sono abbastanza rappresentati anche Carmela e Salvatore, mentre sono pressoché assenti i nomi di moda ◊ come Barbara e Monica, Pierluigi e Nicolò. E' l'indirizzario della ◊ Postal Market, la società italiana leader nelle vendite per corrispondenza.

E' in costante aumento il numero delle donne, soprattutto giovani, che si rivolgono a queste organizzazioni per acquisti di ogni tipo, dai tessili alle sedie.

Singolare il fatto che le ordinazioni vadano di preferenza agli abiti scelti «sul catalogo» senza toccare il tessuto né provare la confezione.

Ma questo, dicono gli esperti, è una prova di fiducia.

Antonella Cremonese, **Domenica del Corriere**

pressoché nearly
indirizzario address book

Via Roma 314, a Torino. Un nuovo indirizzo da ricordare. Se hai voglia di vestirti bene.

PSA Sintesis

Adesso a Torino c'è un nuovo negozio di moda: Vogart.
Un nuovo punto d'incontro per chi vuole riscoprire il piacere del vestire: un rito classico con un sapore, ogni volta, indefinibilmente diverso.
Per un abito perfetto, un accessorio essenziale, una pelliccia attraente, a Torino c'è un posto nuovo.
E per un'antica, personalissima voglia: vestirsi bene.

L'abbigliamento uomo-donna.

Le creazioni e le proposte degli stilisti più famosi, l'abbigliamento per l'uomo e la donna che vestono classico, adesso.
Questo e molte altre idee puoi trovare nel nuovo negozio Vogart.
Un negozio dove puoi avere inoltre una consulenza moda e un'assistenza sartoriale veramente complete e qualificate.
E in più, per l'abbigliamento uomo, un servizio su misura, che ti fa scegliere il tessuto ed il modello che preferisci per «costruirti» il tuo abito ideale.

La pellicceria.

Da Vogart trovi anche le splendide pellicce disegnate e realizzate da I Cavaggioni.
La grande firma, lo stile inconfondibile che hanno già portato al successo, a Francoforte e a New York, i nuovi look della pellicceria italiana.
E che adesso presenta le sue ultime collezioni in esclusiva per Torino.

Vogart

Advertisement for a fashion shop

— Bel lavoro, guarda, una maglia al rovescio e due a dritto, e così via...

rovescio purl
dritto plain

8 Le fatiche dell'esistenza

OTTIMA OPPORTUNITÀ

IMPORTANTE SOCIETÀ LEADER NEL SETTORE

ASSUME 9 PERSONE PER LA PROPRIA DIVISIONE COMMERCIALE

REQUISITI:
— Età 24-50 anni
— Residenti in Milano
— Disponibilità immediata (solo non occupati/e)
— Evoluti culturalmente.

OFFRIAMO:
— Remunerazione mensile di reale interesse
— Garanzie contrattuali di legge
— Possibilità di carriera

Per appuntamento telefonare solo lunedì

PERITO elettronico milite assolto diplomato max voti conoscenza lingua inglese cerca adeguato impiego.
VENTUNENNE offresi per qualsiasi lavoro viaggiatore aiuto commesso.
17ENNE apprendista cuoco offresi. Ottime referenze.

perito non-graduate technical qualification

Alto guadagno!

Facili lavori da svolgere a casa vostra con guadagno da L. 200 mila a L. 600 mila mensili. Riceverete tutte le informazioni inviando 5 francobolli da L. 100 a:

Ditta « FARO » Rep. 1
FIRENZE

Immigranti

Povera gente,
arrivano a Torino,
alla stazione c'è il solito imbroglione
che li ingaggia nella carovana:
manovale, sterratore, dodici ore, senza
contratto giornaliero,
un quinto al procuratore,
dormitorio, tutti in un camerone,
ogni letto trecento lire,
lavorare tanto per campare,
per non morire.

Dario Fo, **Le commedie**, Einaudi

manovale labourer
sterratore digger
campare to live

ALL'ASSALTO! C'È UN POSTO

Genova. Il negozio di calzature Raineri aveva necessità di una commessa. Ha quindi esposto un cartello, di quelli che un tempo si vedevano dappertutto, con l'offerta di lavoro; ed è scoppiato un putiferio. Le candidate sono risultate quasi duecento. Molte di queste, vista la folla delle concorrenti, hanno subito desistito; altre hanno insistito: e hanno fatto la coda nella speranza di accaparrarsi il posto. È un segno dei tempi. E anzi vale la pena di riportare qui i più recenti dati ufficiali sulla disoccupazione in Italia. Secondo l'Istat, sono senza lavoro un milione e 580 mila cittadini. Di questi il 73 per cento sono giovani che non superano i 29 anni, e nel 38 per cento dei casi sono forniti di diploma. Gli occupati sono invece 20 milioni e 160 mila. Di questi ultimi il 37 per cento lavora nel ramo dell'industria. Stando alle più ottimistiche previsioni la disoccupazione non aumenterà nel prossimo futuro. Nessuno comunque si azzarda ad assicurare che diminuirà.

Oggi

putiferio uproar
accaparrarsi to secure for oneself

La situazione della forze di lavoro e produzione in Italia

Abitanti in Italia		56.000.000
Abitanti con più di 65 anni		13.750.000
	Restano per lavorare	42.250.000
Abitanti con meno di 18 anni		16.120.000
	Restano per lavorare	26.120.000
Donne che non lavorano fuori casa		17.315.000
	Restano per lavorare	8.815.000
Studenti universitari		275.000
	Restano per lavorare	8.540.000
Funzionari delle pubbliche amministrazioni		2.020.000
	Restano per lavorare	6.520.000
◊ Detenuti, personale di ippodromi, cinodromi e casinò		1.810.000
	Restano per lavorare	4.710.000
◊ Disoccupati, sindacalisti, funzionari di partiti		1.380.000
	Restano per lavorare	3.330.000
Forze armate		780.000
	Restano per lavorare	2.550.000
Ospedalizzati e convalescenti		1.310.000
	Restano per lavorare	1.240.000
Poeti, artisti, giudici di premi letterari, ecc.		880.000
	Restano per lavorare	360.000
◊ Asceti, filosofi, fatalisti e scrocconi		240.000
	Restano per lavorare	120.000
◊ Vagabondi, battifiacca, deputati e senatori		119.998
	Restano per lavorare	2

E chi sono quei due? Tu e io.

Questa tragica realtà deve essere per noi un segnale d'allarme, una lezione di virilità, un risveglio di energie. Dovremo lavorare di più, soprattutto TU perchè io sono stufo di dover mandare ◊ avanti la società tutto da solo.

Anonimo

cinodromi dog-tracks
sindacalisti union officials
scrocconi spongers
battifiacca layabouts
stufo fed up

◊

D'inverno non possono fare a meno di luce artificiale

Le galline minacciano lo sciopero con il black-out non faranno le uova

◊ La Stampa

fare a meno to do without
black-out power failure, power-cut

Sono ripresi gli scioperi a singhiozzo

Altri duemila sospesi alla Fiat Mirafiori

TORINO, 31 — Anche oggi — come già accaduto nei giorni scorsi — alcune decine di addetti alle cabine di verniciatura dello stabilimento Fiat Mirafiori hanno scioperato per protestare contro la decisione dell'azienda di abolire alcune pause durante la lavorazione. In seguito a questa agitazione, la Fiat ha ritenuto impossibile proseguire regolarmente la produzione ed ha "messo in libertà" circa duemila addetti alla verniciatura, al montaggio e alla lastratura della "131" e della "132".

Secondo la "Flm", lo sciopere è motivato dal fatto che l'azienda, alla ripresa del lavoro dopo le ferie, ha unilateralmente deciso di sopprimere le pause. La Fiat ribatte che le innovazioni fatte per migliorare l'ambiente di lavoro hanno annullato i motivi per cui tali pause erano state concesse agli addetti alle cabine.

La Flm nazionale si è schierata con gli scioperanti.

La Repubblica

scioperi a singhiozzo 'stop and start' (lit. hiccup) strikes, wildcat strikes
addetti a working at
montaggio assembly
lastratura sheet metal (for car body work)
‹131›, ‹132› Fiat 131 and 132 cars
Flm = Federazione lavoratori metalmeccanici Union of metalmechanics
ribattere to retort
schierarsi to side with, to support

NUOVA AGITAZIONE DEL PUBBLICO IMPIEGO

Matrimoni in Comune: lo sciopero dice «no»

Il Corriere della Sera

Comune Town Hall, Register Office

Lavoralcolizzati

L'esagerata passione per il lavoro riduce il manager come un alcolizzato

25 domande per guardarsi dentro

Siete un maniaco del lavoro? Rispondete sì o no ai seguenti quesiti:

1. Lavorate di nascosto (per esempio, nel tempo libero)?

2. Pensate spesso al vostro lavoro?

3. Lavorate precipitosamente?

4. Vi sono nati dei complessi di colpa a causa del lavoro?

5. Nelle conversazioni evitate ogni allusione al superlavoro?

6. Non appena cominciate a lavorare sentite un'irresistibile esigenza di continuare?

7. Vi servite di scuse o pretesti per lavorare?

8. Mostrate un atteggiamento intollerante e aggressivo nei confronti del mondo?

9. Cercate, periodicamente, di non lavorare?

10. Il lavoro vi crea dei rimorsi nel vostro intimo?

11. Avete mai cercato di attenervi a un dato sistema di lavoro?

12. Avete cambiato ultimamente spesso posto di lavoro?

13. Adeguate al lavoro il vostro intero stile di vita?

14. Vi siete accorti di non riuscire più a interessarvi a niente fuori del vostro lavoro?

15. Tendete a commiserarvi?

16. Si sono avuti dei mutamenti recenti nella vostra vita familiare?
17. Tendete ad accaparrarvi il lavoro in modo da averne sempre di scorta?
18. Trascurate la vostra alimentazione?
19. Lavorate regolarmente di sera?
20. Vi è mai capitato di lavorare in qualche occasione giorno e notte consecutivamente?
21. State constatando in voi stesso un decadimento morale?
22. Vi capita di svolgere anche attività al di sotto del vostro livello professionale?
23. La vostra produttività di lavoro si è ristretta?
24. Il lavoro si è trasformato in una forma di costrizione?
25. Come conseguenza clinica della vostra smania di lavoro siete mai stato ricoverato?

Da cinque a dieci risposte affermative sono indice di indubbio appesantimento lavorativo. Oltre dieci sì danno la quasi certezza di mania del lavoro.

Il Mondo

attenersi to adhere to
adeguare to adapt
accaparrare to hoard
scorta reserve
smania craze, obsession
ricoverato admitted (to hospital)

Studenti

Riccardo era il più anziano degli studenti che ogni mattina si ritrovavano sul marciapiede della stazione. Facevano quasi tutti le tecniche. La differenza di età appariva anche maggiore perché Riccardo dimostrava più degli anni che aveva.

Tra piccoli e grandi erano quattordici. C'era anche la sorella di un suo amico. Era quasi più sfrenata dei maschi; ma all'occorrenza sapeva tenerli a bada. Quando dicevano le parolacce fingeva di non sentire. Riccardo pensava che se avesse avuto una sorella non sarebbe stato contento di vederla viaggiare in mezzo a tutti quei ragazzi.

Lui se ne stava in disparte. I libri li buttava sul portabagagli. Gli altri li tenevano sul sedile per ripassare le lezioni.

C'era chi studiava e chi dava noia a quelli che studiavano: per cui nascevano continue baruffe. D'inverno era anche un modo per riscaldarsi. Il treno impiegava quaranta minuti: dopo un po' che si stava fermi i piedi gelavano. Ora che non faceva più freddo i ragazzi erano meno irrequieti.

Subito dopo la partenza il controllore si affacciava a dare un'occhiata: se erano solo loro, tornava nel bagagliaio.

Carlo Cassola, **Ferrovia locale**, Einaudi

(scuole) tecniche technical school
sfrenata without restraint, crazy
tenere a bada to keep in check, control
dire le parolacce to swear
baruffe quarrels

Per iscriversi all'Università occorrono questi documenti

1) Domanda redatta in carta legale, rivolta al Rettore, contenente generalità dello studente, residenza della famiglia, recapito nella città sede dell'Università, facoltà e corso di laurea a cui si intende iscriversi.

2) Titolo originale di studio prescritto per l'ammissione al corso di laurea che si intende seguire.

3) Quietanza di pagamento della prima rata di tasse, soprattasse e contributi, che vengono specificati nei particolari dalle segreterie delle varie facoltà.

4) Certificato dello stato di famiglia in carta libera rilasciato dall'ufficio distrettuale delle imposte dirette, da cui risulta se il reddito netto della famiglia supera o meno i tre milioni di lire (per l'eventuale applicazione del contributo suppletivo in caso di supero).

5) Due fotografie, firmate dallo studente, di cui una autenticata.

Stampa Sera

recapito address
quietanza receipt
rata instalment
imposte dirette rates

CARENZA DI AULE

A pochi giorni dall'inizio del nuovo anno scolastico, a Monza si ripresenta il problema di sempre: il numero degli iscritti agli istituti medi superiori aumenta e mancano strutture adeguate per poter ospitare tutti gli studenti.

L'istituto più colpito dalla carenza di aule e laboratori è il «Mosè Bianchi», frequentato da aspiranti ragionieri e geometri. Con i suoi circa tremila iscritti, il «Mosè Bianchi» è il maggiore istituto tecnico commerciale d'Italia.

Già negli anni scorsi, i responsabili della scuola non potendo ospitare più tutti gli iscritti nella sede di via Della Minerva, avevano dovuto «arrangiarsi» aprendo tre sedi staccate: una all'oratorio del quartiere San Biagio, una all'oratorio del Carrobiolo e una a Villasanta. Recentemente è stata aperta una quarta sede staccata a Lissone, con sette aule. Ciò nonostante, la situazione tende ancora a peggiorare.

Il Giornale

carenza shortage
aule classrooms
ragionieri accountants, book-keepers
geometri surveyors
arrangiarsi to manage, to do the best one can

Ancora un rincaro dei libri scolastici

I libri di testo del prossimo anno scolastico avranno un aumento di prezzo del 15 per cento circa. È un sacrificio che i genitori affrontano volentieri, a patto che la scelta sia oculata e che a parità di valore didattico e scientifico siano adottati i libri più economici. Non sarebbe possibile soprattutto per le materie scientifiche adottare un testo unico?
Angelo Franchini, Roma

La scelta dei libri di testo avviene collegialmente tra docenti, studenti e genitori. C'è dunque da ritenere che il criterio dell'economicità sia rispettato. In questo senso è intervenuto lo stesso ministro della Pubblica Istruzione, il quale ha anche raccomandato agli insegnanti di consigliare l'adozione di testi validi per un intero ciclo di studi. La proposta del lettore relativa al testo unico per i corsi scientifici contrasta con l'autonomia didattica dell'insegnante, il quale ha bisogno di determinati strumenti per svolgere il programma secondo la propria impostazione.

Epoca

a patto che provided that
oculata well considered
docenti teachers

— Lei, professore, che cosa mi consiglia di fare: il disoccupato in lettere o il disoccupato in medicina?

La conquista

C'è un silenzio di tomba nella stanza
tutti gli occhi fissi su di lei
occhi disperati che l'implorano di parlare
di liberarli da quell'interminabile angoscia.
Aveva provato più volte:
le erano mancate le parole e il coraggio
ma oggi
spinta da quell'impaziente attesa
da quella sofferente umanità
ha deciso:
oggi dirà cose mai dette prima.
  Fuori piove.
Al di sopra del rumore della pioggia
la sua voce risoluta
fermamente pronuncia
‹IO SONO›.
Esplosione d'applausi tutt'intorno
mentr'essa
il cuore in tumulto
una muta domanda sul volto
guarda l'insegnante
immobile presso la lavagna
pallido, sorridente,
un lampo d'orgoglio negli occhi.
Con braccia aperte
e mani rivolte al cielo
egli esclama
(la voce tremante d'emozione)
‹Lei parla italiano finalmente!›
Ottavio Negro

9 Il cittadino e lo stato

COSTITUZIONE DELLO STATO ITALIANO

Ordinamento dello Stato in base alla Costituzione promulgata il 27 dicembre 1947, l'Italia è une Repubblica democratica fondata sul lavoro. Il potere legislativo e il controllo sull'indirizzo e sull'attività del potere esecutivo spetta al Parlamento che si compone di 2 Camere (la Camera ◊ dei deputati e il Senato) entrambe elette per la durata di 5 anni a suffragio universale e diretto. Il Presidente della Repubblica che «è il Capo dello Stato e rappresenta l'unità nazionale», è eletto dal Parlamento in seduta comune dei suoi membri. «All'elezione partecipano tre delegati per ogni Regione eletti dal Consiglio regionale in modo che sia assicurata la rappresentanza delle minoranze. La Valle d'Aosta ha un solo delegato.

Almanacco Italiano, Bemporad Marzocco

entrambe both

DESTRA E SINISTRA

Termini astratti e di comodo sui quali si basa — per un assurdo e tacito accordo — tutta la dialettica dei partiti politici. Negli Stati Uniti trattare uno di *leftist* è quasi come ingiuriarlo; in Europa, invece, è ormai un complimento, tanto più se rivolto a uno di destra; in Danimarca c'è un partito che si chiama Venstre (cioè Sinistra) ed è notoriamente di destra. La sinistra e la destra, insomma, sono come il vino: dipendono dall'annata e dalla zona di produzione.

Almanacco Italiano, Bemporad Marzocco

Il cuore a sinistra

"CHE COSA ne pensa lei", mi scrive Fabrizio D., studente in lettere "di un mio amico che si dice rosso e proletarieggia con evidenza, ma gira in una Ferrari da otto milioni e l'estate va in crociera con gente-su. Aggiungo che mi disprezza, in quanto appartengo a una famiglia modesta ma borghese". La solita storia, Fabrizio, il cuore a sinistra e il portafogli a destra. ◊

From a magazine advice column

gente-su the rich smart set

Giorgio Cavallo

RAPITO IL CANE DEL SENATORE

BERGAMO — «Se volete riavere vivo il vostro cane, preparate un mucchio di soldi. Lo abbiamo sequestrato; ritelefoneremo». ◊

Questo, il sinistro e grottesco messaggio giunto due notti fa a casa del senatore bergamasco, Enzo Berlanda della DC. ◊ Il cane del senatore, uno schnautzer, era scomparso da casa da vari giorni.

La telefonata, giunta nel cuore della notte, ha gettato il terrore in casa Berlanda. Concitati consulti con Roma, dove il senatore si trova in questi giorni, febbrili incontri con l'avvocato di famiglia, poliziotti in azione per pattugliare la città.

Che un cane sparisca è normale, ma che venga rapito e ◊ che per esso venga richiesto un riscatto, non è comune.

La notte è così trascorsa tra dubbi laceranti; poi alle 6 del mattino, un furioso abbaiare: lo schnautzer è tornato a casa. Liberato, senza che fosse pagato alcun riscatto.

Che cosa era successo? E' ragionevole pensare che il cane ◊ abbia azzannato i suoi rapitori, e sia riuscito a scappare

R. F.

L'Occhio

sequestrare to kidnap
DC = Democrazia Cristiana Christian Democrat party
riscatto ransom
azzannare to bite

◊ Uno scippo sventato dai passanti

Uno scippo è stato sventato l'altro pomeriggio da alcuni passanti. In via Novara, alle 18,35, due giovani a bordo di una Mini Minor rossa, hanno avvicinato una signora di 47 anni, Raffaella S., e hanno tentato di strapparle la borsetta.

◊ La donna non ha mollato la presa e si è messa a gridare facendo accorrere gente. I due giovani a questo punto hanno desistito e sono fuggiti a piedi.

Il Giornale

scippo mugging
sventare to thwart
mollare to let go

BAMBINI SEPOLTI DA UNA FRANA ◊

BARI — Cinque bambini sono stati sepolti da una frana provocata da un «tombarolo» che scavava alla ◊ ricerca di reperti archeologici in un ◊ cantiere edile nel centro di Canosa ◊ di Puglia, Comune a 70 chilometri da Bari.

La Stampa

frana landslide
tombarolo tomb robber
reperti remains
cantiere edile building site

Giorgio Cavallo

Ruba una gondola per andare in prigione

BORGOMANERO — Ricercato per aver rubato una gondola a Venezia, Venerio Esposito, 41 anni, venditore ambulante con residenza anagrafica a Milano ma in ◊ realtà girovago, è stato arrestato ieri dai carabinieri di Orta.

L'Esposito, fermato alla stazione ferroviaria di Orta dove vendeva ◊ stuzzicadenti, non ha avuto difficoltà a riconoscersi autore dei vari furti di cui lo si accusa. «*Ho rubato davvero la gondola a Venezia* — ha ammesso — *ma l'ho fatto come sempre per farmi mettere in prigione. Quando si avvicina l'inverno e non so dove andare, rubo sempre qualche cosa: così mi mettono dentro*».

La Stampa

girovago tramp
stuzzicadenti toothpicks

◊Preso spacciatore con cocaina

Uno spacciatore è stato arrestato dai carabinieri del Nucleo antidroga nella sua abitazione, in via Savona 65. Si tratta di Dino Murgia, 32 anni, originario di ◊ Sassari, pregiudicato. Era colpito ◊ da un mandato di cattura emesso il 10 giugno di quest'anno dalla Procura della Repubblica di Milano per inosservanza alla legge sulla vigilanza speciale.

I carabinieri, nel corso di una perquisizione, hanno trovato in ◊ casa sua 10 grammi di cocaina e un'attrezzatura in piena regola per confezionare le dosi da vendere ai tossicomani. E' stato associato al- ◊ le carceri di San Vittore a disposizione dell'autorità giudiziaria.

Il Giornale

spacciatore a drug-pusher
pregiudicato with a criminal record
mandato di cattura arrest warrant
perquisizione house search
tossicomani drug addicts

Non più sirene sulle «volanti» ◊ ma «bi-po-bi-po»

ROMA — Niente più laceranti sirene ma il discreto «bi-po-bi-po» — reso popolare in televisione qualche anno fa dai films del commissario Maigret — annunceranno l'arrivo della polizia.

L'apparecchio ha anche un nome, si chiama «Kit». E' stato presentato oggi alla stampa nel piazzale antistante il Viminale.

Il suono lacerante sollevava pro- ◊ teste: tra i più accaniti contestatori della vecchia sirena figurano migliaia di turisti e alcuni hanno fatto arrivare le loro lagnanze addirittura attraverso il ministero degli Esteri. I Vigili del Fuoco e la Croce Rossa non hanno ancora avuto disposizioni per modificare l'antico apparato acustico. Per la polizia è stato varato un decreto ministeriale ◊ che stabilisce anche alcune norme per la produzione delle «trombe bitonali» (il «bi-po-bi-po», appunto).

La Stampa

volanti police cars
accaniti insistent
varare to launch, to pass a Bill

Dannosi favoritismi

Caro direttore,

sono una ragazza di vent'anni e le scrivo per parlare della condizione della donna oggi, che si parla tanto di liberazione e di femminismo. Secondo me, ci vorranno ancora cent'anni di lotte per essere uguali all'uomo. Certa gente infatti, ha idee che per fargliele cambiare bisognerà cambiare proprio tutto. Sì, perché si incomincia in famiglia a fare del razzismo. Io sono attualmente disoccupata, come tante altre ragazze, purtroppo. E questo mi viene ◊ rinfacciato di continuo dai miei. Tuttavia, ho da parte qualche risparmio, e perciò lo utilizzo per comprarmi tutto ciò che mi occorre per vestirmi. A mio fratello, maggiore di me di qualche anno, disoccupato anche lui, invece, non viene rinfacciato nulla (è il cocco ◊ di mamma), nonostante non faccia nulla dalla mattina alla sera. A lui vengono dati soldi regolarmente, mentre io devo tirare fuori i miei dalla banca. Inoltre, lui ha tutta la libertà che vuole, mentre io ho orari da rispettare. (. . .) Vorrei che qualche lettrice che, purtroppo, si trova nelle mie condizioni mi dica che cosa sta facendo per migliorare la sua situazione. LETTERA FIRMATA – Cagliari

• *Al di fuori di ogni polemica o filosofia riguardanti la liberazione della donna o il femminismo, la prima considerazione che mi suggerisce la sua lettera è che i genitori che fanno certe distinzioni tra i figli non hanno capito e non capiscono nulla del mestiere di genitore. Perché, vede, un comportamento del genere è sempre negativo perché, se aliena l'affetto e la stima dei figli trascurati, finisce poi col provocare il rancore di quelli preferiti e viziati che,* ◊ *dei loro fallimenti nella vita imputeranno proprio i genitori, che non hanno saputo prepararli ad affrontare le avversità.*

Letter to a magazine

rinfacciare to reproach
dai miei = dai miei genitori by my parents
cocco darling
viziati spoiled

SE LI FACESSIMO DI MARZAPANE?

Vi fu quindi chi propose di costruire il nuovo aereo con il marzapane sovrabbondante. L'idea parve subito ottima a molti. Non a tutti. Vi furono resistenze tenaci. Gli ingegneri, i vecchi, educati, come si è detto, in tempi assai arretrati e i giovani abituati a metodi di produzione esteri, tentarono di dimostrare che aerei supersonici fatti di marzapane non offrivano le doti di efficienza e di economicità necessarie. Oltre al logoramento rapido (il marzapane non resiste a lungo alla velocità) era anche da prevedersi lo sbocconcellamento degli apparecchi da parte di utenti e di inservienti golosi. I cartelli «E' rigorosamente vietato mangiare gli aeromobili» non sarebbero serviti a molto di più, si fece notare, di molti altri cartelli consimili.

La faccenda del marzapane fu dapprima presa sottogamba dai ministri, i quali credevano fosse possibile trovare, come sempre, un compromesso. Perché non apparecchi fatti di torrone? Si disse. Anche il torrone utilizza le mandorle e in più zucchero e chiari d'uova. E' inoltre molto più duro e resistente del marzapane. Si poteva prevedere che zuccherieri e allevatori di polli (nonché i dentisti, grandi amici del torrone) si sarebbero schierati a favore di questa soluzione nuova. Il problema pareva risolto. Non si era però prevista la grande influenza politica delle regioni la cui economia dipendeva ormai quasi soltanto dal marzapane.

La nazione in cui si è svolta questa vicenda è governata democraticamente in modo assai curioso. Vince non la parte che ottiene più voti ma quella che schiera più gente per la strada, che può organizzare gli scioperi più lunghi, con più bandiere, con cartelli e striscioni più grandi e ricchi di parole, la parte che ha gli altoparlanti più potenti. Nei casi dubbi si contano i contusi e le auto rovesciate e incendiate.

I marzapanisti si diedero allora da fare e in breve paralizzarono tutte le comunicazioni, bloccarono con le loro dimostrazioni il traffico delle città principali, schierarono oratori dalla gola di bronzo capaci di parlare per molte ore consecutive, e misero in tal modo il governo nell'imbarazzo.

Inutilmente, gli esperti, gli ingegneri e partiti d'opposizione tentarono di dimostrare, in interviste rilasciate a oscuri giornali che nessuno leggeva, o in interrogazioni parlamentari che restarono senza risposta, che marzapane o torrone, c'era poco da scegliere perchè aerei fatti di quella materia non avrebbere potuto comunque volare e nessuno li avrebbe comprati.

I loro ragionamenti dimostravano quanto tutti costoro fossero fuori dal tempo. Non si rendevano conto che il progetto non era stato concepito in realtà per costruire aerei. Se se ne fossero costruiti, capaci magari anche di volare, la cosa, s'intende, non avrebbe dato noia, anzi avrebbe fatto piacere, ma non era quello il traguardo numero uno. Il progetto era principalmente destinato ad alleviare sofferenze, a guadagnare prestigio e potere per uomini politici, a toglier dall'ozio demoralizzante dirigenti o aspiranti dirigenti, a distribuire posti alle popolazioni bisognose. a diffondere un certo benessere in intere regioni. ◊

From an article by Luigi Barzini, **Il Corriere della Sera**

sbocconcellamento nibbling
utenti users
sottogamba lightly
torrone nougat
schierarsi to take sides
contusi bruised
schierare to display
traguardo objective

10 Difendiamo la natura

Almanacco Italiano, Bemporad Marzocco
ʍ = *abbasso* down with

FALCHI IN PICCHIATA SULLE NOSTRE CITTÀ

L'anno scorso per la prima volta si sono visti i gabbiani a Milano. Uno stormo è passato radente sulla città ed è scomparso verso Bergamo. E' stato il segnale più clamoroso di un nuovo comportamento di questi animali, di un'inversione di rotta senza precedenti. Cosa spingeva i gabbiani ad abbandonare il mare e a emigrare nell'interno? Una risposta precisa non si è riusciti a trovarla. Si è pensato all'inquinamento, a un equilibrio ambientale alterato, a una fuga dettata dall'istinto di sopravvivenza, ma tutto sommato sembrava un episodio isolato e più una stranezza di questi uccelli marini che una loro necessità vitale.

Per la verità i gabbiani non hanno abbandonato in massa le coste. Sono però sempre più numerosi gli esemplari sperduti che vagano senza meta ai bordi delle città dove si ammucchiano spazzature e altri rifiuti. Qualcosa di ben diverso invece è successo a Genova: qui uccelli mai visti prima e da sempre vissuti nei boschi dell'entroterra si sono installati sui tetti e nei sottotetti delle case, sulle terrazze tra comignoli e antenne della televisione. Uccelli diurni e notturni si sono impadroniti della città come di un nuovo ambiente naturale.

Pare che le città offrano risorse di cibo che si sono rarefatte in campagna, una dovizia di topi intanto senza precedenti, nonché generosi approvvigionamenti da parte degli abitanti che poco alla volta si sono affezionati agli uccelli selvatici e sono felici del loro progressivo insediamento urbano. Che cosa provoca gli uccelli a uscire dal loro spazio e a ritirarsi nelle città? Lo abbiamo chiesto a Danilo Mainardi, etologo, ordinario di zoologia all'università di Parma, oggi tra i maggiori studiosi di questa «scienza nuova» che si occupa del comportamento degli animali.

Perché gli uccelli si rifugiano in città?

«Anzitutto perché si sentono protetti. Infatti non vengono presi a fucilate dai cacciatori che ormai prendono di mira qualsiasi essere volante. Inoltre la natura, così come è stata cambiata dall'evoluzione agricola, non è più quella adatta alla loro vita. L'uso degli erbicidi e degli insetticidi ha ridotto alla fame gli uccelli che si nutrono di vermi e di insetti vari. La sparizione degli alberi e delle siepi nelle zone coltivate facilita il lavoro delle macchine ma ha eliminato punti d'incontro abituali degli uccelli, che servivano fra l'altro a nidificare. Da questi disagi sono noti il disorientamento di molti uccelli e il loro spostamento verso gli agglomerati urbani».

Dobbiamo essere soddisfatti di questo ripiegamento delle specie alate verso le nostre case, considerarlo una conquista ecologica?

«Fino a un certo punto. Le città, a meno che non siano ricche di parchi, non saranno mai un'alternativa alla campagna per gli uccelli, una giusta soluzione per la loro vita. E' la disperazione, la mancanza

di un'altra scelta che li obbliga a cerare un rifugio in città. Qui campano e si riproducono ma la verità è che le campagne non debbono spopolarsi di uccelli né le città restarne senza come era successo anni fa che lo smog aveva fatto sparire anche i rondoni. ◊
Bisogna trovare un equilibrio, frenare la degradazione ambientale, ecco tutto. E non fantasticare su un fiabesco ripopolamento ornitologico del centro abitato, magari con le aquile in cima ai ◊
grattacieli».

Felice Campanello, **Domenica del Corriere**

gabbiani seagulls
radente skimming
comignoli chimneys
dovizia wealth
ordinario professor
ripiegamento withdrawal
rondoni swifts
aquile eagles

Napoli: topi negli uffici dei telefoni

NAPOLI — Preoccupazione per la situazione igienico-sanitaria dei locali di lavoro nel palazzo dei telefoni di Stato in via De Pretis a Napoli, è stata espressa in un comunicato dell'Unione italiana lavoratori telefonici di Stato aderenti
◊ alla Uil.

«Abbiamo notato — è detto nel comunicato — *la non gradita presenza di ratti nei locali adibiti ad* ◊
uffici. Ciò aumenta il già crescente disagio dei lavoratori causato dal superaffollamento degli uffici.

La Stampa

Uil = Unione italiana lavoratori major trade union
adibito used as

MENO RUMORE

STOP alle moto fuoristrada sui sentieri pedonali e pascoli di montagna

A CURA DEL
GRUPPO NATURALISTICO DELLA BRIANZA - CANZO - Ass. per la difesa della natura in Lombardia
E DELL
ISTITUTO ECOLOGICO INTERNAZIONALE - Milano - Lega Italiana Protezione Uccelli - Milano

Il mare, nostra nutrice

◊ Il mare è stato la grande culla di tutti gli esseri viventi, e nel futuro potrà diventare la nostra nutrice, ◊ serbatoio immenso di energie mai sfruttate, con fauna e flora «fornitori» di vitamine (specie del gruppo B), di antibiotici, di ormoni ecc. Esiste però il rovescio della medaglia, non tanto da inquinamenti (in gran parte creati dall'uomo), da detersivi, pesticidi, idrocarburi, ac- ◊ que di scolo, veleni chimici e batterici, quanto da sostanze tossiche ◊ isolate da alghe, flagellati, spugne, ◊ gorgonie, anemoni, meduse, vermi, molluschi, stelle e ricci di ◊ mare, oloturie, pesci, rettili marini. ◊ Si noti che, a parte i veleni veri e propri di certi molluschi, anche l'ingestione di alcune qualità di pesci può diventare pericolosa quando questi si cil ano di alghe tossiche o particolari tipi di flagellati.

Solo tenendo presenti tutti questi inconvenienti e pericoli e comportandosi di conseguenza, le nostre vacanze possono essere realmente un periodo di riposo, di svago.

Tirsi Mario Caffaratto, **La Stampa**

culla cradle
serbatoio reservoir, tank
scolo drainage, sewerage
flagellati hydra (protozoa)
gorgonie corals (animal)
meduse jellyfish
ricci di mare sea urchins
oloturie holothuria (type of sea urchin)

Abolire la plastica

E' indubbio che una delle cause di inquinamento più efficaci è costituita dai famosi sacchetti di plastica che si usano per la spesa. Ne vengo no messi in circolazione decine di millioni ogni anno. Ognuno di noi li ha visti dovunque indistruttibili e orribili. I sacchetti di plastica che hanno sostituito la borsa della spesa non solo inquina, ma sono anche derivati dal petrolio e quindi consumano greggio altri- ◊ menti utilizzabile. Sono due ragioni molto chiare: inquinamento e consumo di petrolio che dovrebbero fare al più presto vietare l'uso di questi oggetti. Negli Stati Uniti, ad esempio, da anni e anni non se ne fa più uso e supermercati e negozi adoperano sacchetti di carta resistenti e non inquinanti.

Alberto Cremona, **Il Corriere della Sera**

greggio crude (oil)

Più efficiente la bicicletta

Quale tra tutti i mezzi di trasporto e gli esseri viventi capaci di movimento consuma (a parità di peso) meno energia per spostarsi? Il calcolo, fatto da Vauce Tucker, uno scienziato americano della Duke University, sulla base del consumo di energia (in calorie) necessario per trasportare un grammo per un chilometro, dimostra che il massimo rendimento è ottenuto dall'uomo in bicicletta. L'automobile ha un rendimento inferiore a quello dei salmoni, dei cavalli e dell'uomo a piedi. ◊

M. CONGIL

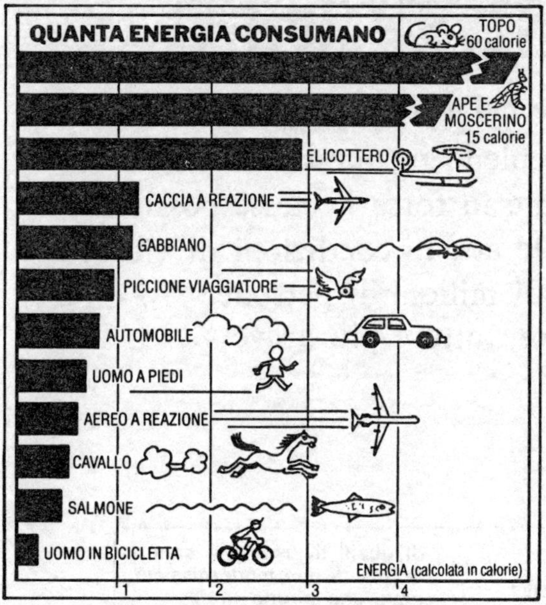

Sopra: consumi di energia a confronto

Panorama

rendimento efficiency

Energia: tra crisi e catastrofe

La contrazione nell'offerta di petrolio sta sollevando problemi giganteschi.
◊Sono seriamente in forse le stesse possibilità di mantenere le attuali condizioni di vita per centinaia di milioni di persone.
Per l'Italia, poi, tutto è più grave...

Euro

in forse in doubt

Il ritorno della nave a vento

La crisi energetica, che minaccia di paralizzare i paesi più industrializzati, sta facendo riscoprire antiche tradizioni. Per i trasporti marittimi, per esempio, si tornerà probabilmente ad utilizzare il vento con la « nave eolica ». Non si tratta di ◊ un suggestivo veliero, di quelli in uso tanti anni fa, ma di una modernissima nave che sfrutta la ◊ forza del vento con un complesso sistema di turbine orientabili. Del progetto, attualmente allo studio negli Stati Uniti, in Germania, in Inghilterra e in Italia, si è parlato alla Tecnomar, la fiera biennale delle novità del mare, che ha avuto luogo a Genova.

Due più

suggestivo evocative
sfruttare to exploit

Il controllo degli impianti eviterà gli sprechi nel riscaldamento delle case

Il decalogo del «risparmiatore»

◊ 1. Rendersi parte diligente perché l'impianto sia sempre in ordine facendo effettuare le manutenzioni periodiche.

◊ 2. La caldaia va pulita a dovere prima dell'inizio della stagione invernale, perché una caldaia pulita senza incrostazioni e senza tappi di cenere ◊ rende molto meglio e quindi la quantità di combustibile consumata è notevolmente inferiore.

3. Curare che la caldaia sia dotata di valvola regolatrice comandata dalla temperatura esterna.

4. Ridurre al minimo la temperatura negli ambienti.

5. Se alcuni locali dell'appartamento non sono abitati continuamente si ◊ può chiudere la valvola del termosifone.

6. Nei locali esposti al sole si può ridurre la quantità di acqua calda che entra nel termosifone agendo sulla valvola.

7. Evitare di aprire troppo spesso le finestre; è sufficiente dar aria al mattino nelle ore in cui i termosifoni sono spenti.

8. Riutilizzare le vecchie maglie di lana al posto delle canottiere di ◊ cotone. E' ora di rendersi conto che non è più possible vestirsi nell'inverno come in estate.

9. Usare qualche golf di lana.

10. Di notte utilizzare qualche coperta di lana in più.

Per impianti di riscaldamento domestico autonomi è raccomandabile tenere l'apparecchio al minimo in maniera tale da non sprecare combustibile e calore.

Franco Cianflone, **Il Corriere della Sera**

rendersi parte diligente make sure, take the necessary steps
caldaia boiler
a dovere thoroughly
tappi di cenere clogging by ash
termosifone radiator
cannottiere singlets, vests

IL DIO SOLE CI SALVERÀ

Ora che la crisi petrolifera appare senza vie d'uscita e che lo strangolamento energetico incombe sull'Europa, ora che la nostra civiltà ha dimostrato di essere imprevidente e vulnerabile in uguale misura, l'uomo torna a sperare nel Sole e gli restituisce l'iniziale maiuscola che aveva nella mitologia. Si rende finalmente conto che la sua energia è inesauribile, è pulita e non ci costa nulla, che ci arriva a domicilio senza spese supplementari, che la possiamo raccogliere e utilizzare, immagazzinare, che nessuno può accaparrarsela, che è a disposizione di tutti, e che non esisterà mai un tiranno o una potenza o un ente in grado di metterci sopra l'embargo.

L'uomo è tornato ad adorare il Sole. E con il suo fuoco si prepara ad alimentare il motore dell'economia.

Lo sfruttamento dell'energia solare a bassa temperatura ha innumerevoli applicazioni. Il 30 per cento del consumo energetico italiano viene speso per riscaldare. Ed è un delitto bruciare gasolio a 250 gradi per tenere una casa a 20 gradi, e sprecare energia di alto valore come l'elettricità per portare l'acqua a 60 gradi o per cucinare a 90 gradi. Alla Fiera di Bari hanno parlato di olocausto energetico. Il divulgatore principe dell'energia solare, l'americano Barry Commoner, nella sua recente conferenza a Milano, ha detto: «La maggior parte degli edifici residenziali o commerciali ha sufficiente spazio, sul tetto, sulle pareti a mezzogiorno o nelle zone circostanti, per installare collettori solari in grado di fornire l'energia di bassa qualità necessaria a scaldare gli ambienti e l'acqua.

Il risparmio globale di petrolio sarebbe enorme se tutte le scuole, tutte le mense, tutti gli edifici publici fossero costretti a utilizzare l'energia solare che non costa niente. Costano gli impianti, d'accordo, ma lo Stato non può ragionare come un privato. Lo Stato deve fare un altro calcolo: quello di spendere per il lavoro italiano e per lo sviluppo di un'industria italiana ciò che risparmierebbe acquistando meno greggio nel Medio Oriente o in Africa.

Aldo Santini, **Oggi**

maiuscola capital letter
rendersi conto to realize
immagazzinare to store
accaparrare to hoard
a mezzogiorno facing south
greggio crude (oil)

Advertisement for a dental product

Giorgio Cavallo

11 Gli affari sono affari

◊ ARREDAMENTO

◊ L'ufficio è mobile

L'ufficio moderno esige un sistema di arredi che deve unire il ◊ massimo dell'efficienza con il massimo della flessibilità. In passato i mobili avevano soprattutto una funzione di rappresentanza; oggi i ◊ tavoli, le poltrone, le scaffalature, gli archivi e in generale tutti gli elementi con i quali l'operatore è in continuo contatto devono essere innanzitutto funzionali, vere e proprie apparecchiature al servizio dell'organizzazione. L'obiettivo è mettere a disposizione dell'architettura degli interni un sistema di arredi aderente all'organizzazione del lavoro desiderata dall'azienda.

arredamento interior design, furnishing
mobile a piece of furniture (also means flexible)
arredi furnishings
scaffalature shelves

Che cosa cercate nei vostri prossimi mobili per ufficio?

Design, funzionalità, comodità, eleganza,,componibilità, solidità, assistenza, convenienza...? I nostri mobili sono progettati per darvi, in un perfetto equilibrio, tutti questi punti. E ve li ricordiamo proprio per stimolarvi a verificarlo. Il nostro lavoro ha tutto da guadagnare da un esame preciso e severo.

fantoni
uffici con argomenti

Advertisements for office furniture

TANTI VENDONO

ma **come?** Con quale **soddisfazione?**
Con quali **prospettive?**

NOI

vendiamo da **professionisti: non abbiamo scelto la «vendita»** quale **«soluzione di ripiego»!**

NOI

vendiamo da **entusiasti:** crediamo nella vendita come **«servizio», ed i risultati ci gratificano ampiamente!**

NOI

vendiamo da **ambiziosi:** la nostra Società ci stimola economicamente e non ci preclude **progressi di carriera!**

E TU...
COME VENDI?

Prova a **telefonarci** dalle ore 8.30-12.00 / 14.00-18.30
per appuntamento a **Milano**

Forse c'è una possibilità anche per te!!!

P.P.S.S. - **Se non hai ancora 28 anni abbi pazienza è troppo presto. Se hai superato i 45 non volercene, è un po' tardi.**

AUTOVETTURA INDISPENSABILE

Advertisement for a sales representative

soluzione di ripiego last resort
non volercene don't be cross with us

NASCITA DI UN CONSORZIO

◊ La Caldiroli, la C.i.m., la Fa.pa.as.New, la F.i.p., la S.i.p.a. si sono associate nel C.I.P.A. - Consorzio Industrie Pannolini Assorbenti. ◊

La nuova organizzazione è aperta a tutte le imprese del settore per un vivo scambio di idee e la migliore analisi delle più idonee politiche aziendali. ◊ ◊

Gente

Caldiroli, C.i.m., Fa. pa. as. New, F.i.p., S.i.p.a. various companies amalgamated to form a new Consortium, C.I.P.A.
pannolini assorbenti nappies
imprese firms
idonee suitable

La prima colpa è della cornetta ◊

Oltre 50 presidenti di grandi aziende sono stati invitati a indicare in ordine di importanza decrescente le principali cause di perdite di tempo. Ecco la graduatoria e alcuni commenti.

1. Telefono. «Mi deprime soprattutto il dover rispondere con cortesia a domande senza importanza».

2. Posta. «Il lunedì è il giorno del diluvio».

3. Riunioni. «Troppo spesso sono un pretesto per soddisfare l'io di chi le ◊ indice».

4. Pubbliche relazioni. «Dovrebbe bastare il solo nome della società».

◊ **5. Burocrazia cartacea.** «Una cascata senza fine».

◊ **6. Pendolarismo.** «Una grave perdita di tempo».

7. Colazioni di affari. «Spesso anche le conversazioni sono indigeste».

8. Impegni sociali e civici. «Lunghi e noiosi».

9. Incompetenti. «I peggiori sono quelli che violano i regolamenti societari».

10. Esigenze familiari. «No comment».

◊ **11. Voci di corridoio** (su mutamenti ai vertici aziendali).

12. Suggerimenti su come migliorare l'andamento dell'azienda.

◊ **13. Strozzature create dal grande capo.**

Galeazzo Santini, **Il Mondo**

cornetta telephone receiver
indire to call, convene
cascata waterfall
pendolarismo commuting
mutamenti ai vertici changes at the top
strozzature bottlenecks

ECCO PERCHE' UNA LETTERA PUO' ARRIVARE ANCHE DOPO SEI MESI

1) Il mittente scrive l'indirizzo in modo illeggibile dimenticando il codice postale. 2) Il "vuotacassette" salta la buca per abbreviare il lavoro. La raccolta non avviene in coincidenza con gli orari di partenza dei treni. 3) I dipendenti rifiutano il lavoro notturno. 4) Gli scioperi ferroviari, aerei e delle autolinee regionali bloccano il trasporto della posta. 5) Mancano i postini o la corrispondenza da recapitare è eccessiva. 6) La progressiva eliminazione dei portieri provoca altri ritardi nel recapito di lettere e pacchi.

L'Europeo

mittente sender
recapitare to deliver

Il risparmio torna di moda

VADEMECUM DI UN VERO SIGNORE

Era la virtù della famiglia: discreta e operosa si aggirava per credenze, guardaroba, solai e cassepanche. «In questa casa non si butta via niente», ripeteva la dea parsimonia mettendo da parte anche uno spago di trenta centimetri, ben annodato a farfalla. «Andarlo a comprare nuovo costa soldi», si giustificava un volto muliebre intento a rivoltare il cappotto del consorte. Erano i tempi in cui le cose avevano una doppia vita e anche nelle famiglie-bene veniva la sarta a giornata per disfare pantaloni vecchi di papà e cucirne altri "come nuovi" per i ragazzi. Il consumismo ha infranto questo circolo virtuoso, propagando vizi assurdi e onerosi pudori: sembrar poveri è una vergogna.

Temendo di sprizzare miseria da tutti i pori, non c'è più nessuno che manda a rammendare lenzuola, così che sono scomparse anche le rammendatrici. Nella ignorante e piccolo-borghese convinzione che «chi più spende più è ricco» i redditi familiari sono stati penalizzati, in questi anni, al grido di «butta e ricompra, compra e ributta». Per non comportarsi da poveri, si rischia di diventarlo davvero. Così sono in molti che in nome del riflusso, ma ancor più di una nuova cultura del consumo, hanno deciso di fare della parsimonia una forma suprema di eleganza.

L'Europeo

operosa industrious
credenze sideboards
solai attics
cassapanche chests
annodato a farfalla knotted with a bow
muliebre feminine
rivoltare remake with same material
infrangere to break up
sprizzare to spurt

FORSE NON avete mai pensato che nella freschezza e bellezza di una margherita c'è una grande banca come il Banco di Roma.

Abbiamo proposto un mutuo al floricultore. Abbiamo aiutato a trovare il capitale per l'acquisto del terreno e l'edificazione della serra.

Abbiamo anticipato i soldi necessari alla distribuzione sia sul mercato nazionale che estero.

Anche il fioraio che la vende a Londra ha un conto corrente da noi.

ANCHE UNA PICCOLA MARGHERITA HA QUALCOSA A CHE FARE CON LA NATURA DI UNA GRANDE BANCA.

Perché il Banco di Roma è una grande banca con tutti i servizi che vi aspettate da una grande banca, ma anche con quello che non vi aspettate da una grande banca.

Per esempio le persone.

Infatti il nostro personale, anche se sa tutto di tecnica bancaria, sta per tornare a scuola.

Alla nostra scuola, dove imparerà tutto quello che serve per soddisfare meglio le esigenze dei nostri clienti presenti e futuri.

Per esempio le innovazioni. Basta entrare nella nostra agenzia 28 di Roma per notare qualcosa di diverso.

Niente più bancone e niente più casse tradizionali.

Ma soprattutto per i nostri clienti, niente più code.

Noi del Banco di Roma pensiamo che una banca per essere grande non basta che abbia una grande esperienza dei mercati e dei servizi bancari internazionali, filiali dappertutto, in Italia e all'estero, un grosso patrimonio da amministrare e tanti clienti, tanti computers, tutte cose che già abbiamo, perché una banca è fatta soprattutto dalla gente, quella che ci lavora e quella con cui e per cui lavora.

E noi, per essere una grande banca, facciamo tanto per dare freschezza e bellezza ad una piccola margherita.

Advertisement for the **Banco di Roma**

mutuo loan
serra greenhouse
bancone counter
casse cash desks
filiali branches

SIGNORI IN CARROZZA

Un gruppo di frati francescani *ha trasformato in convento* un vecchio vagone ferroviario

◊ **Sono contro il chiasso e le nevrosi della vita moderna: hanno deciso perciò di campare e lavorare in modo diverso, in mezzo alla natura**

La giornata comincia alla una del mattino con la lettura dei salmi - Pregano e coltivano la terra ceduta loro in uso da un gruppo di benefattori

Cronaca Vera

chiasso noise, din

Voce intima

Ho delle mani, dei piedi, una pancia, una vista (corta), una lingua (lunga) e finalmente, un cervello. Questo cervello pensa. Ci sono certe leggi in lui, che o seguirle o abdicare dal suo uso. Io le seguo e, quando non mi fa comodo seguirle, metto la sua voce temporaneamente in tacere. Soffro un po' per questo, ma pazienza. Oltre a me esiste un universo. Il mio cervello cerca di spiegarselo. Non ci capisce niente e allora dice nella sua evangelica semplicità: «Basta! non capisco niente e quindi non mi azzardo a pronunziarmi. Brancolo nel buio e lascio che quel valentissimo e bellissimo individuo che mi riveste, si diverta un po', poverino.

Cesare Pavese, **Vita attraverso le lettere**, Einaudi

pancia belly
brancolare to grope

La fede in Dio

Caro direttore,

mi riferisco all'articolo di L. Jorio: «Haek, l'astronoma coi piedi in terra». Margherita Haek, direttrice dell'Osservatorio astronomico di Trieste, e titolare di astronomia all'Università, dichiara: «Non credio in Dio, perché il mio raziocinio mi impedisce di abbandonarmi al "piacere rassicurante della Fede"».

Di ben altro parere furono i sommi fondatori dell'astronomia moderna: Copernico, Galileo, Keplero, Newton, tutti profondamente credenti in Dio, come Creatore e ordinatore dell'universo e non già per il «piacere rassicurante della Fede» ma in forza di quel «raziocinio» che indaga al fondo delle cose e ne svela la trama divina.

Il discorso potrebbe continuare: Volta, Faraday, Ampère, Maxwell — giganti del pensiero scientifico — seppero mirabilmente armonizzare il più severo «raziocinio» scientifico con la Fede in Dio creatore. Perfino lo spinoziano Einstein una volta confidò a un suo collaboratore: «I pensieri vengono da Dio», «Dio non gioca a dadi col mondo».

Concludo ricordando la nobilissima e umana figura del sommo fisico Max Plank, fondatore della quantistica moderna, che fu profondo credente in Dio; «la scienza e la religione — scriveva nel '47 poco prima di morire — conducono entrambi a Dio».

Il Giornale

trama design, web
dadi dice

UN MUSEO DI IMPRONTE MISTERIOSE

Un museo con impronte di mani infuocate di defunti impresse su stoffe, tavolette di legno, papaline, breviari, tonache è l'itinerario che questa volta consiglio.

Questo museo non è custodito da spiritisti oppure da occultisti, ma da religiosi e infatti sorge nelle costruzioni relative alla chiesa neogotica del Sacro Cuore del Suffragio a Roma. Precisamente all'angolo di via Paolo Mercuri. Qui, per chi sappia ingraziarsi il sacrestano con offerte per i trapassati, è possibile essere introdotti in un luogo unico al mondo, infatti si troveranno ogni sorta di oggetti «toccati a fuoco» dalle anime dei deceduti.

Mentendo spudoratamente sui motivi che ci portavano in quel luogo, siamo entrati in una sala ricca di reperti «dell'aldilà». Ci faceva da cicerone lo scrittore Salvatore Taverna, noto esperto romano di fenomeni insoliti. Tra le tante testimonianze tangibili presenti, ne riportiamo alcune, trascrivendo letteralmente le «spiegazioni» che illustrano gli oggetti: «Impronte lasciate su una tavoletta di legno, sul panno della manica della tonaca e sulla tela della camicia della venerabile madre Isabella Fornari, badessa delle Clarisse di Todi, dalle mani del defunto padre Panzini, abate olivetano di Mantova, l'1 novembre 1731. La relazione del fatto è data da padre Isidoro Gazale del Santissimo Crocefisso, confessore della venerabile, cui ordinò per obbedienza di tagliare i pezzi della tonaca, della camicia e della tavoletta e di consegnarglieli».

Altro eccezionale reperto è l'impronta di fuoco sulla veste di suor Margherita Hrendorps dalla mano di suor Clara Scholers, il 13 ottobre 1696 nel monastero di Winnerdorf in Westfalia.

E ancora il marchio «di fuoco lasciato su un libro di Margherita Demmerlé della parrocchia di Ellingen, nella diocesi di Metz, dalla suocera apparsale trenta anni dopo la morte: 1814-15».

Come si è detto le «prove» lasciate dalle anime del purgatorio e qui custodite sono tante: e senz' altro impressionanti.

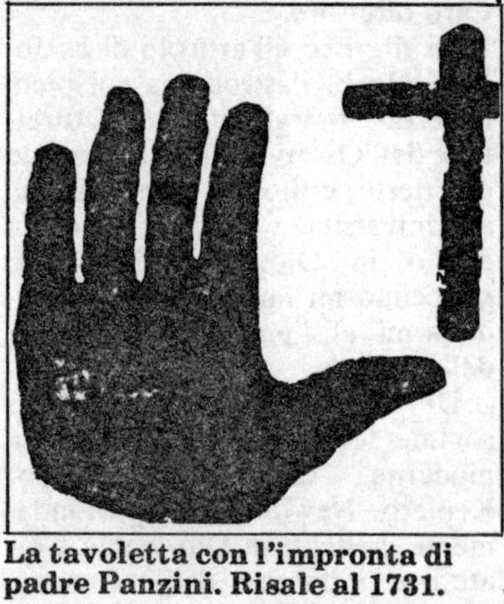

La tavoletta con l'impronta di padre Panzini. Risale al 1731.

Gabriele La Porta, **Domenica del Corriere**

papalina skull-cap
trapassato dead
spudoratamente shamelessly
reperti dell'aldilà remains of the 'beyond'
cicerone guide
panno cloth
risalire to date from

NEGLI UFO VOLANO BRAVE PERSONE

Un padre gesuita che insegna all'università gregoriana di Roma ha affrontato un singolare problema: se l'uomo non è il solo essere vivente nell'universo, le altre umanità in quale rapporto potrebbero essere con Dio? La sua risposta è suggestiva: noi discendiamo da Adamo che commise il peccato originale, ma si può supporre che altre famiglie umane lontane dalla Terra abbiano superato la prova del Creatore e quindi siano migliori di noi.

Roma, novembre.

«Da quando l'uomo si è costruito un piccolo cielo stellato con le lampadine elettriche, l'altro cielo, quello vero, si è molto allontanato da lui. Quasi nessuno si ferma più la sera a guardarlo. Eppure, l'immensa volta cosparsa di stelle annuncia due cose fondamentali: la prima è che noi siamo puntini piccolissimi e stupefatti di essere vivi. La seconda racchiude una sensazione ancora più affascinante: in uno spazio così sconfinato non possiamo essere soli, devono sicuramente esserci altri uomini a popolare pianeti simile al nostro».

Extract from an article by Marco Nese,
Domenica del Corriere

Seduta spiritistica

Un gran colpo, un colpo formidabile, come vibrato da un pugno di gigante invisibile, tonò sul tavolino, così, in piena luce. Allibimmo tutti e, più di ogni altro, Papiano e la signorina Caporale.

— Scipione! Scipione! — chiamò Terenzio.

L'epilettico era caduto per terra e rantolava stranamente.

— A sedere! — gridò il signor Anselmo. — È caduto in *trance* anche lui! Ecco, ecco, il tavolino si muove, si solleva, si solleva . . . La levitazione! Bravo, Max! Evviva!

E davvero il tavolino, senza che nessuno lo toccasse, si levò piú alto d'un palmo dal suolo e poi ricadde pesantemente.

La Caporale, livida, tremante, atterrita, venne a nascondere la faccia sul mio petto. La signorina Pantogada e la governante scapparono via dalla camera, mentre il Paleari gridava irritatissimo:

— No, qua, perbacco! Non rompete la catena. Ora viene il meglio! Max Max!

— Ma che Max! — esclamò Papiano, scrollandosi alla fine dal terrore che lo teneva inchiodato e accorrendo al fratello per scuoterlo e richiamarlo in sé.

Luigi Pirandello, **Il fu Mattia Pascal**, Mondadori

allibire to be terrified
rantolare to groan
perbacco for heaven's sake
scrollarsi to shake away
inchiodato rooted to the spot
richiamarlo in sé make him recover his senses

Il pretore ordina di operare testimone di Geova

CALTANISSETTA — Il pretore di San Cataldo ha autorizzato il primario chirurgo del locale ospedale, Giuseppe Tirrò, ad operare per una forma acuta di peritonite A. P., di 37 anni, testimone di Geova. I seguaci di questa religione rifiutano di sottoporsi a trasfusioni di sangue.

Il Corriere della Sera

pretore magistrate
primario chirurgo consultant surgeon

SE CREDETE NEI MIRACOLI QUESTO ANNUNCIO NON È PER VOI!

Ma se cercate l'amore o l'avete perso e volete ritrovarlo; se l'invidia degli altri vi minaccia annullando i vostri fluidi positivi; se la sfortuna in ogni campo vi perseguita; se volete ritrovare voi stessi e realizzarvi nel lavoro, negli affari, nei sentimenti, portate con voi:

IL TALISMANO DI «LOLOMAI» personalizzato

L'ha creato SARYMA dopo lunghi anni trascorsi presso le millenarie tribù indios dell'Amazzonia avendone ricevuto il segreto da quegli stregoni che tutto conoscono delle antiche magie.

Per averlo in contrassegno al costo **di L. 10.000 più 1.800** per spese postali, scrivere con lettera espressa indicando data di nascita e problema da risolvere. Massima riservatezza.

Advertisement for a lucky charm

stregone witchdoctor
contrassegno cash on delivery

scorpione / 24-10 / 22-11 ♏

Il buon influsso di Venere si trasformerà fino a diventare negativo. I rapporti sentimentali saranno passionali ma movimentati e forse minacciati da crisi di gelosia: starà a voi dominare la situazione con il vostro buonsenso e la vostra sensibilità. Controllatevi anche con gli amici, perché Giove e Mercurio vi renderanno alquanto polemiche. Il lavoro richiederà calma. ◊

acquario / 21-1 / 19-2 ♒

Vi saranno favorevoli Marte, Nettuno e Plutone, che vi aiuteranno a far fronte alle opposizioni del Sole, di Giove, Venere c Mercurio. Nei rapporti con la persona cara non drammatizzate ogni piccolezza. E poi non isolatevi, ma cercate la compagnia degli amici di provata sincerità, sui quali sapete di poter contare sempre. Mettete più interesse al vostro lavoro.

Grazia

alquanto polemiche very argumentative

POCHE VOLTE

MARIA – «Ho 33 anni, ed in tutta la mia esistenza posso dire di aver conosciuto la felicità solo ben poche volte. Sono separata e da circa tre anni amo un uomo, tra noi le cose non vanno molto bene poiché sua figlia alla quale è molto legato mi considera un'intrusa, capisci quindi che i nostri incontri sono sempre tenuti segreti da entrambi. Credi che sia lui la persona che desidero da anni?»

◊ Vedo dal calco della mano che l'uomo con cui stai attualmente è la persona giusta, ma solo tra qualche anno potrete amarvi alla luce del sole. Devi considerare che ha una figlia di 14 anni ed i giovani di questa età sono un po' egoisti; non accettano che i loro genitori abbiano una vita propria. Comunque, mia cara, non preoccuparti perché anche per te ci sarà un po' di felicità, gli anni passano veloci; la ragazza crescerà, creandosi una vita sua e lasciandovi liberi di vivere la vostra vita.

Letter to a medium

calco tracing

Avete problemi di vita? Consultate il

MAGO ALEPH

Occultista, cartomante, medium.

◊ Il Mago ALEPH ascolta, consiglia, risolve ogni problema d'AMORE, d'INFELICITÀ, di LAVORO e AFFARI, MALATTIE, SESSO, AVVENIRE, RICCHEZZA, MALOCCHIO!!!
Creatore di potentissimi AMULETI e TALISMANI per ottenere ogni successo!

◊ Esorcista leva fatture, incantesimi, sortilegi e malocchio!!!
Riceve tutti i giorni, per appuntamento e risponde per corrispondenza a tutti!

MAGO ALEPH - Studio d'Arte Anagogica MILANO

(assoluta riservatezza!)

A wizard advertises his services

mago sorcerer, magician
malocchio evil eye
fatture spells
sortilegi sorceries

Advertisement for a book

vignette cartoons
aureola halo
pasticcio mess
formichiere ant-eater
guerra lampo 'blitz krieg'

Newspapers and magazines

Italian newspapers are either regional or provincial dealing mainly, but not exclusively, with local news. Some of them, however, such as *Il Corriere della Sera* and *La Stampa*, are of national importance and are read in varying degrees throughout Italy.
Italians are not such great readers of dailies as the British, but they are avid readers of magazines of which a large number and variety are published. Most magazines review and comment on domestic and foreign affairs, some with a great deal of photographic support There are also many periodicals specializing in economic, industrial and political news, and others devoted entirely to sport, fashion etc The following is a list of newspapers and magazines, extracts from which have been included in this book.

Daily newspapers
Politically "independent"
Il Corriere della Sera (Milan)
La Stampa (Turin)
Stampa Sera (Turin)
Il Messaggero (Rome)
Il Mattino (Naples)
Il Giornale (Milan)
Il Resto del Carlino (Bologna)

Left-wing
L'Unità (Milan and Rome)

Weekly magazines (all published in Milan)
Politics, arts and current affairs
L'Espresso
Gente
Panorama
Epoca
L'Europeo
Il Mondo
Euro
Due più

Current events, stories, miscellanea
Oggi
La Domenica del Corriere
L'Occhio

Women magazines – fashion, home and garden
Grazia
Brava

Crime, investigations, current events
Cronaca Vera

Summary of topics

1 Viaggi e vacanze
hotel information 9
speed of modern travel 10
aeroplane ticket 12
air travel 13
crowded beaches 15
climbing accident 15
weather 16, 17
mosquitoes 18
annual holiday 19
end of holiday
2 Incontri in città
street signs 21, 24
view of city 22
flower festival 22
pest control 22
city at night 23
wholesale market 25
supermarket 26
food labels 26
shop lifting 27
problem of cars 28
city v country life 29
3 A tavola, signori
'fast food' 30
local restaurants 31
pizzas 32
dietologist advises 33
menu 34
cake shop closures 35
recipe 35
tea 36
after dinner 39
4 La dolce vita
film star interviewed 40
music festival 42
what's on 43
opera 44,
music appreciation 46
television tonight 46
artists and writers 49
5 Questo eterno amore
love talk 50
broken heart 51
lonely hearts 52
duel 52
mystery lover 55
falling birthrate 56
'crime of passion' 57
end of affair 58
6 Casa mia, casa mia
log fire 60
childhood memories 61
age of maternity 62
ideal mother 62
younger generation 63
births and deaths 64
domestic tragedy 65
family reunion 65
marital friction 66
home security 68
pets 69
7 Salute e bellezza
medicines 70
illnesses 71
doctor's waiting room 72
hazards of smoking 73
sore throats 74
illnesses of wealth 75
dieting 76
fashion 78
mail order 79
8 Le fatiche dell'esistenza
immigrants 83
unemployment 83
shirkers 84
strikes 85
workaholics 86
students 88
registering at university 89
classroom shortage 89
textbook prices 90
learning foreign languages 91
9 Il cittadino e lo stato
Italian constitution 92
left and right 92, 93
crime 94, 95
drugs 96
squad cars 96
women's rights 97
political decisions 99
10 Difendiamo la natura
urban wildlife 101, 102
harvesting the sea 104
pollution 104
cycle power 105
wind power 106
fuel saving 107
solar energy 108
11 Gli affari sono affari
new consortium 113
time wasting 113
postal delays 114
12 Fede e misteri
railway convent 118
inner voice 119
science and faith 119
miracle museum 120
life in space 121
spiritual seance 122
Jehovah's witness 122
horoscopes 124
palmist's predictions 124

Written by Maurice Krafft
Illustrated by Luc Favreau

Specialist adviser:
Christopher Hawkesworth,
Professor in Earth Sciences,
The Open University.
The author is a vulcanologist.

ISBN 1 85103 099 9
First published 1990 in the United Kingdom
by Moonlight Publishing Ltd,
36 Stratford Road, London W8
Translated by Sarah Matthews

Typeset in Great Britain by Saxon Printing Ltd, Derby
Printed in Italy by La Editoriale Libraria

POCKET • WORLDS

Volcanoes of the World

Living mountains, liquid rocks,
terrifying, fascinating...

THE NATURAL WORLD

From earliest times, volcanoes have been a source of wonder and fear.

The Romans believed that Vulcan, the smith of the gods, had set up his forge underneath the island of Sicily, and that his forge-fire burnt inside a mountain they called Vulcano. This is where our word, volcano, comes from. Volcanoes are very frightening. In the Middle Ages, people believed that the volcano Hekla, in Iceland, was the gateway to Hell!

Even today, in places like Hawaii, people try to keep volcanoes under control by praying to them and giving them presents.

Volcanoes shudder and throb with escaping gases and ash, and sometimes even molten rock. Where does it all come from?

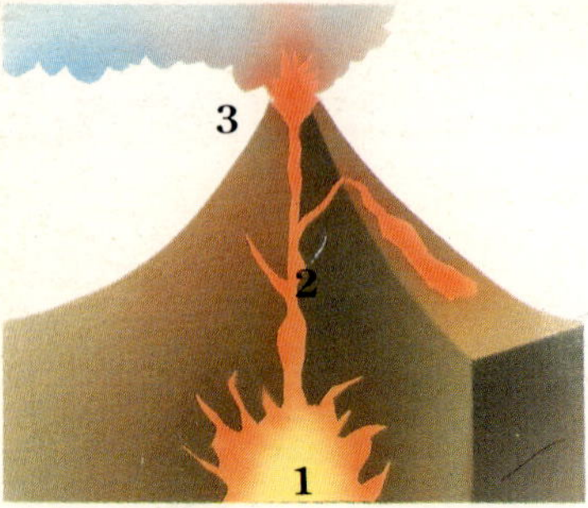

Inside a volcano: 1. reservoir of magma; 2. chimney; 3. cone leading to crater.

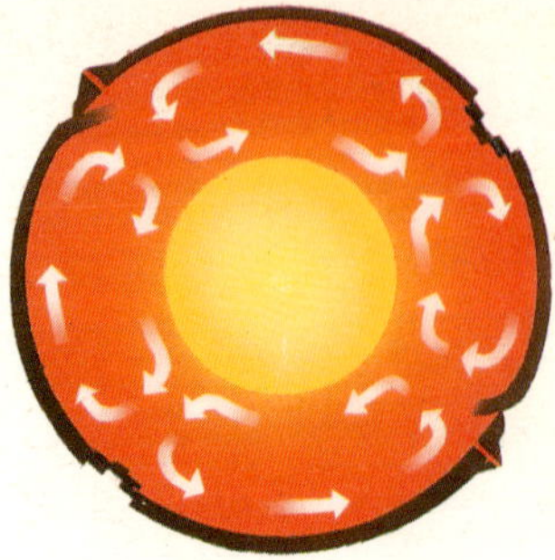

The Earth has a skin, flesh and a kernel. The Earth's flesh is full of slowly swirling currents.

It comes from inside the Earth.

Below the Earth's surface it is very hot, perhaps as much as 5,000°C! This heat moves the material inside the earth. As it nears the surface, the material melts, making little pockets of liquid rock called magma. There are cracks here and there in the Earth's surface, and the magma reaches its way into them. It forces its way up the chimneys and spurts out into the

Lava is red when it is hot. As it cools, it turns grey or black.

air, pushed upwards by the hot gases underneath. A volcano is erupting!

When magma escapes from the earth, it changes its name to lava.

If lava is very thick and sticky, it forms into huge domes, or into boulders which are hurled up into the air. Volcanic boulders can be as big as a truck. At other times the lava spurts up as a fine dust that can rise several kilometres into the sky. Very liquid and runny lava flows almost like a river, rushing down the sides of the volcano or forming a pool in the crater.

Molten lava can flow at up to 60 kilometres an hour. Animals must run fast to get out of its way.

The Earth's surface fits together like a huge jigsaw puzzle, with the pieces sliding about and rubbing up against each other. Magma seeps up between the joins.

Volcanoes erupt when the magma pushes through the surface. There are over 10,000 recent volcanoes on the Earth, on land alone.

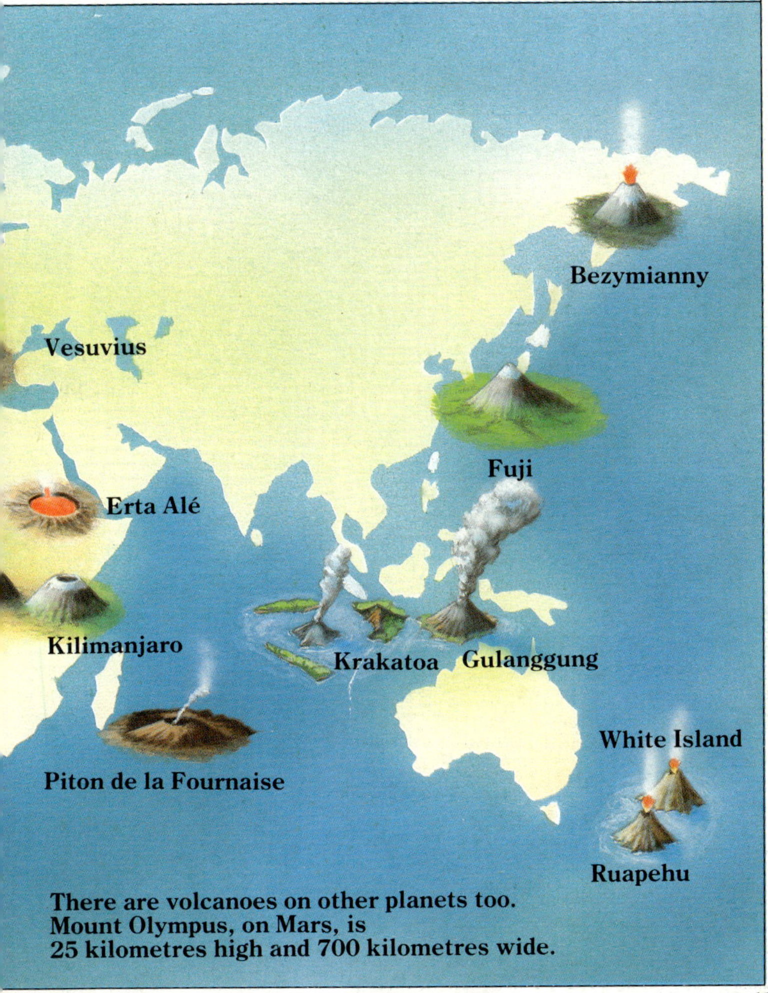

During 1943, in Paricutin in Mexico, a farmer was working in his field when suddenly the ground started to shake.

The next day, there was a volcano where the field had been.

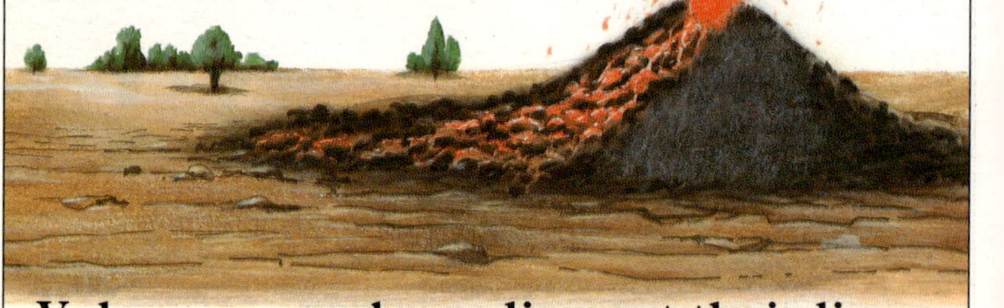

Volcanoes are born, live out their lives and then fade away. It is not often that somebody is actually there when a volcano first appears. Only a few new volcanoes are born every century.

In time, the volcano flooded over the nearby village. Only the church steeple was left, reaching up above the lava.

In 1963, Surtsey, a new volcano, burst out of the sea off the coast of Iceland. **<u>An island had been born.</u>** Surtsey erupted for over four years, with hot lava and ash falling into the foaming sea. It is hard to predict where the next volcano will erupt, but it will probably be in the sea, since that is where most volcanoes are found.

Cotopaxi, the highest volcano on the Equator, is dormant at the moment.

Volcanoes often have craters, formed when the top of the mountain collapses as the magma empties out of it, or when the force of the explosion blows the top of the mountain off, punching a hole in the Earth's surface.

A crater over 1.5 kilometres across is called a caldera. This is the caldera of Piton de la Fournaise, on the island of Réunion.

The craters of extinct volcanoes are often full of water.

The scientists who study volcanoes are called vulcanologists. They often explore the inside of craters. In 1934, two men went 416 metres down into a live volcano in Japan!

When a volcano is extinct, the bottom of the crater often becomes quite solid. Rainwater can gather there and form a lake.

The caldera of Katmai in Alaska is full of warm water.

Extinct or dormant?

A volcano is said to be extinct, or dead, when the lava inside has become solid. Sometimes, though, a volcano which seems extinct may simply be dormant, or asleep. One day it may wake up and erupt again!

Sun, wind and rain can wear away the rock surrounding the hardened lava in the chimney, leaving a towering, pointed 'neck'.

An old church is perched on the top of Saint-Michel-d'Aiguihe, in the Massif Central in France.

The Puy-de-Dôme in central France is supposed to be extinct. Who knows, perhaps it will erupt again some day. . .

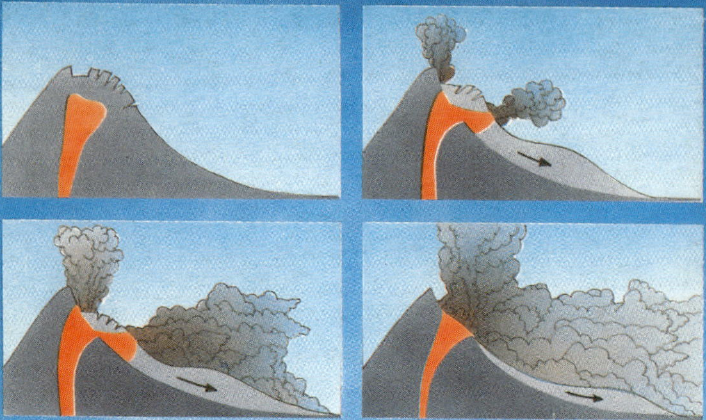

The magma can push the top of the cone right off. Lava and ash hurtle out of the gap.

The longer a volcano has lain dormant, the more spectacular it is when it wakes up! A few years ago, a huge explosion blew off the top of Mount St Helens, in the western United States.

After the eruption, a cloud of ash settled over the whole of the north-western United States.

The mountain lost 430 metres in height during that one explosion. A burning wind made up of gases, volcanic ash and rocks came rushing out of the volcano, flattening forests 30 kilometres away.

The eruption of Ruiz in Colombia melted huge quantities of snow, which mixed with the soil to make an enormous tidal wave of mud.

A burning cloud

Volcanoes can kill. The deadliest eruption this century took place in Martinique in 1902. A huge cloud of ash, rocks and burning gases was hurled out of Mount Pelée and engulfed the town of Saint-Pierre, killing its twenty-eight thousand inhabitants in two minutes.

Can people fight against the power of a volcano?

If a volcano is about to erupt, people and animals have to get as far away as possible as quickly as they can.

When a volcano in southern Iceland suddenly started to waken after lying dormant for over 5,000 years, people were able to get out of its way, although a lot of their houses were buried under ash and lava. In order to stop a lava-flow which was threatening to block the harbour, the Icelanders doused the edges with water from high-pressure hoses. The edges cooled down and hardened, making a barrier which stopped the lava in its tracks.

Sometimes people put up huge barriers of rocks and earth to turn a lava-flow aside.

The most spectacular eruption of modern times was that of Krakatoa in Indonesia, in 1883. The dust from the volcano choked the atmosphere to such an extent that it blocked out the sun, and made it seem cold even in summer!

As Krakatoa burst out of the sea, it created a huge tidal wave over 22 metres high, which swept away ships and rushed over all the nearby islands, killing over 36,000 people.

There are ten times as many active volcanoes under the sea as there are on land.

Nearly all the sea-bed is made up of basalt, which is a kind of hardened lava. Cooled quickly by water, the lava has hardened into strange forms, tall columns and bulging pillows.

Sometimes magma pushes through a crack in the sea-bed with such force that the eruption reaches the surface. Cold water mixes with the red-hot lava, causing enormous explosions with clouds of black ash and huge columns of steam.

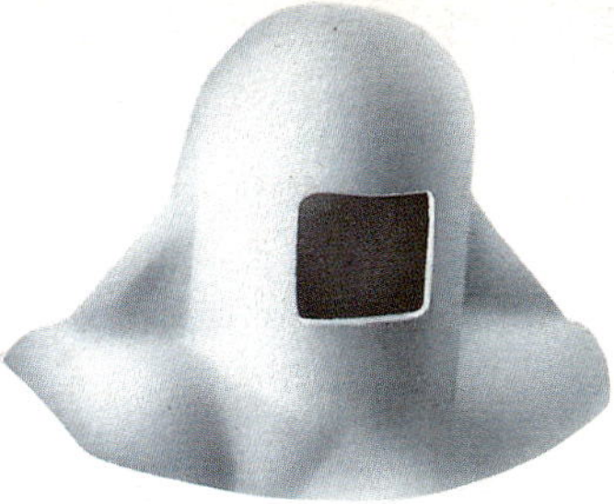

Vulcanologists wear helmets to protect their heads from falling rocks. They wear masks so that the poisonous gases from the volcano do not burn their mouths and lungs.

If we are to stop people being killed by volcanoes, it is important to learn when they are likely to erupt.

This is the task of vulcanologists.

In order to study eruptions they often have to go very close to the hot lava-flows. In their special fire-proof clothes, covered in shiny aluminium to reflect the heat, they can stand a metre away from a lava-flow of 1,000°C.

They could not walk on it, though – they would be burnt up immediately. As lava cools down, a fine crust forms on the top, but below it the lava stays hot for a very long time, so hot that it would burn through the soles of your shoes. You'll notice that the man in the picture is wearing special boots to protect his feet.

These vulcanologists are walking on an island of hardened lava floating on top of a liquid lava-flow!

Vulcanologists are like doctors; volcanoes are their patients.

They listen to the rocks to find out what is going to happen, and to judge whether the volcano is likely to erupt. Instead of using a doctor's stethoscope, they lay all sorts of instruments on the surface of the volcano and around the crater. Sometimes they even build a special laboratory there.

They observe how a volcano is growing by measuring it from a distance.

Vulcanologists studying the sulphurous gases escaping through gaps in the rock called fumaroles

The instruments record whether the ground is trembling, whether the temperature rises, if there are any escaping gases, and if the ground swells or shrinks.

These changes might indicate that magma is moving up towards the Earth's surface, preparing for an eruption.

They measure the temperature of the gases.

The power of volcanoes can be useful. Old volcanoes heat the water which trickles into them; they spit it out in hot jets called geysers, or turn it into steam and gas which float out through fumaroles. Sometimes there are also pools of boiling mud called solfataras. People use the hot water and steam to heat their houses and to generate electricity; this is called geothermics.

Thousands of people go to see the geysers and fumaroles, and sometimes bathe in the hot water – or even in the warm mud!

The ash which falls from volcanoes is very rich in minerals that help plants grow. It is like fertilizer raining down from the sky. A few months after the ash has fallen, all sorts of plants grow particularly thick and strong. The most fertile soils of all are found in hot, damp climates, at the foot of volcanoes.

You may be able to go and see a volcano.

There are many old volcanoes in the British Isles and in Europe. If you know where to look, you can climb right up into extinct volcanoes, and collect volcanic rock and lava from inside their craters.

If you are very careful, you could even visit an active volcano, such as Stromboli, to the north of Sicily. Stromboli explodes every few minutes, throwing up burning lava. The top of the volcano is much higher than the crater, so that you can look right down inside. But watch out for rocks and boulders falling on your head!

Some lava-flows extend for many kilometres. They look very dramatic when seen from an aeroplane.

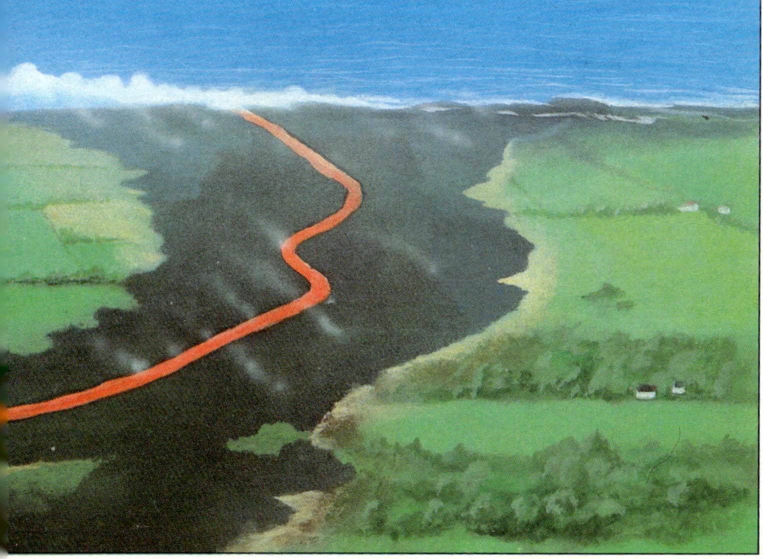

Index

basalt, 27
caldera 14-15
chimney, 16
climbing volcanoes, 34-5
cone, 8
coping with an eruption, 23
Cotopaxi, 10, 14
craters, 8, 9, 14-15, 34, 35
dormant volcanoes, 16-18
eruption, 8, 11, 13, 16-27, 30-1
extinct volcanoes, 15-17
fertility, 33
formation of a volcano, 11, 12-13
fumaroles, 31, 32
geothermics, 32
geysers, 32
Hekla, 7
Iceland, 13, 23
Katmai, 15
Krakatoa, 11, 24-5
lava, 9, 12-13, 16, 18, 23, 27, 29-30, 34, 35

magma, 8-11, 14, 18, 27, 31
Mars, 11
Mount Pelée, 10, 20
Mount St Helens, 10, 18-19
Paricutin, 12
Piton de la Fournaise, 11, 14
Puy-de-Dôme, 10, 17
Ruiz, 19
Saint-Michel-d'Aiguihe, 16
solfataras, 32
Stromboli, 10, 35
structure of the Earth, 8, 10
Surtsey, 13
traditional beliefs about volcanoes, 7
undersea volcanoes, 13, 27
volcanoes of the world, 10-11
volcanoes waking up, 16-18, 23
Vulcan, 7
vulcanologists, 15, 29-31
where most volcanoes are found, 13